일본어능력시험
JPT에 꼭 나오는

일본어 漢字 한자 끝내기 上

일본어능력시험 · JPT에 꼭 나오는

일본어 한자 끝내기 上

지은이 송현미
펴낸이 안용백
펴낸곳 (주)넥서스

초판 1쇄 발행 2011년 8월 20일
초판 2쇄 발행 2011년 8월 25일

출판신고 1992년 4월 3일 제311-2002-2호
121-840 서울시 마포구 서교동 394-2
Tel (02)330-5500 Fax (02)330-5555

ISBN 978-89-5797-781-1 18730
978-89-5797-780-4 18730(세트)

가격은 뒤표지에 있습니다.
잘못 만들어진 책은 구입처에서 바꾸어 드립니다.

www.nexusbook.com
넥서스Japanese는 (주)넥서스의 일본어 전문 브랜드입니다.

일본어능력시험
JPT에 꼭 나오는

일본어 漢字 한자 끝내기 上

송현미 지음

N3~N4 · JPT 500점 달성을 위한 지름길
한자 하나로 일본어를 정복하자!

넥서스 JAPANESE

머리말

일본어 공부를 시작하면 가장 어렵게 느껴지는 부분이 일본어 한자일 것이다. 그러나 한자에 대한 이해 없이 무작정 외우다 보면 획순을 틀린다거나 전혀 다르게 쓴다거나 하는 잘못을 범하기도 한다.

우선, 한자를 올바른 획순으로 바르게 쓸 수 있어야 하고, 그 다음에는 음독과 훈독에 해당하는 단어를 읽을 수 있어야 한다. 일본어 한자는 다양한 음독, 훈독이 있어서 그것을 다 익히기 위해서는 꾸준한 노력이 필요하다.

이 책이 일본어 한자를 정복하고자 하는 모든 학습자에게 도움이 되기를 바라며, 이 책이 나올 수 있도록 조언과 노력을 아끼지 않은 넥서스JAPANESE의 모든 여러분께 감사드린다.

저자 **송현미**

이 책의 특징

새롭게 개정된 일본어능력시험과 JPT를 기준으로 가장 중요한 일본어 한자 400字를 뽑았다. 上권은 N4~N3 레벨의 한자 200字를, 下권은 N2~N1 레벨의 한자 200字를 실었다. 한 과에 10字씩 上권 20과, 下권 20과로 구성하였다.

- 복잡한 한자도 쉽게 익힐 수 있도록 한 자마다 획순을 넣어 올바른 순서대로 한자를 익힐 수 있도록 하였다.
- 음독/훈독에 해당하는 단어도 비교적 사용 빈도가 높은 것을 뽑아서 예문과 함께 시험이나 일상 회화에 모두 도움이 되도록 하였다.

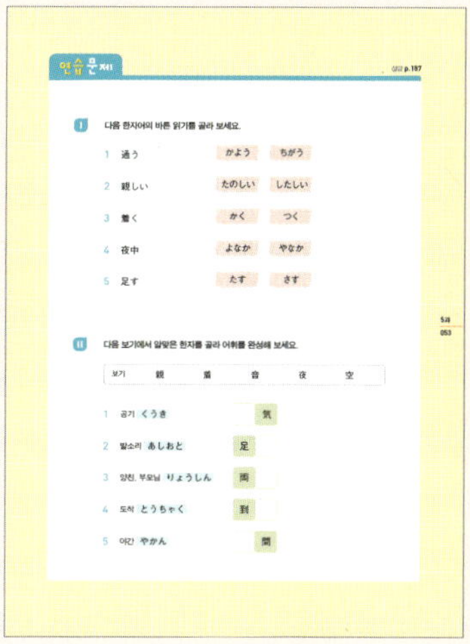

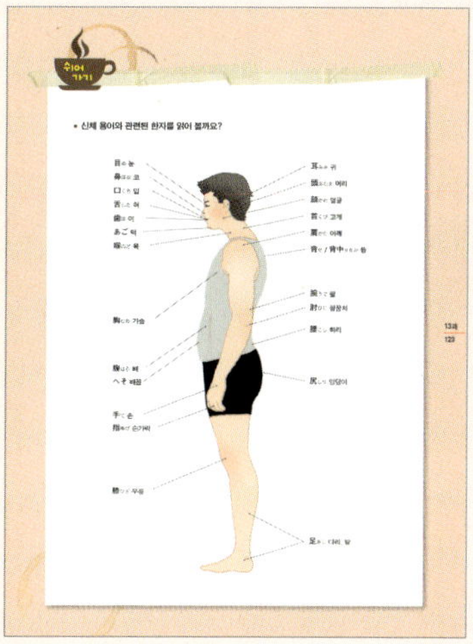

다양한 연습문제와 쉬어가기 코너로 앞서 공부한 내용을 확인해 볼 수 있게 하였다.

부록

단어 카드

본문에서 꼭 익히고 넘어가야 할 주요 어휘를 4개씩 뽑아 카드로 만들어 수업 중에 활용하거나 재미있게 자기 실력을 체크해 볼 수 있다.

한자 쓰기

각 과에 해당하는 한자와 한자어를 쓰면서 어려운 한자도 자연스럽게 쓰는 연습을 할 수 있다.
CD에 데이터가 수록되어 있어 필요한 것만 프린트해서 사용할 수 있다.

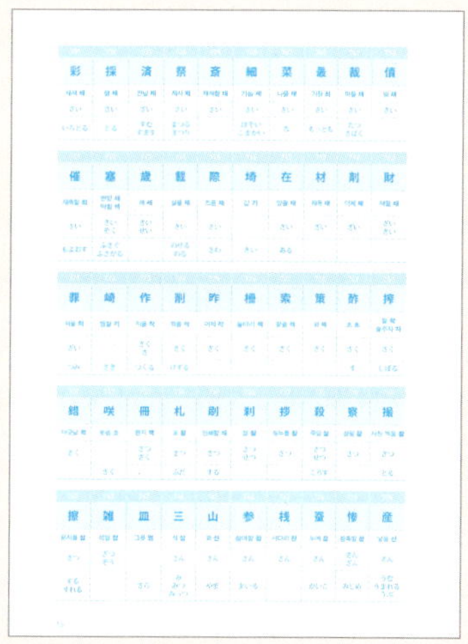

상용한자 2136

새롭게 개정된 일본어 상용한자 2,136자를 음독·훈독으로 나누어 표로 정리하여 어떤 레벨의 학습자든 손쉽게 학습할 수 있다.

목차

PART 2

부록

일본어 상용한자 2136

MP3 CD 1장(일본어 한자 쓰기 펜맨십 포함)

시험에 자주 나오는 중요한 한자어휘

얼마나 많은 한자를 알고 있는지 체크해 보세요.

4급

명사

번호	한자어휘	읽는 법	뜻	체크
1	秋	あき	가을	☐
2	味	あじ	맛	☐
3	姉	あね	언니, 누나	☐
4	池	いけ	연못	☐
5	医者	いしゃ	의사	☐
6	妹	いもうと	여동생	☐
7	色	いろ	색	☐
8	歌	うた	노래	☐
9	英語	えいご	영어	☐
10	駅	えき	역	☐
11	弟	おとうと	남동생	☐
12	音楽	おんがく	음악	☐
13	風	かぜ	바람	☐
14	家族	かぞく	가족	☐
15	教室	きょうしつ	교실	☐
16	去年	きょねん	작년	☐
17	銀行	ぎんこう	은행	☐
18	計画	けいかく	계획	☐
19	研究	けんきゅう	연구	☐
20	工場	こうじょう	공장	☐
21	今度	こんど	이번, 다음	☐
22	魚	さかな	생선	☐
23	仕事	しごと	일	☐
24	質問	しつもん	질문	☐
25	自転車	じてんしゃ	자전거	☐
26	品物	しなもの	물건	☐
27	写真	しゃしん	사진	☐
28	出発	しゅっぱつ	출발	☐
29	食堂	しょくどう	식당	☐
30	人口	じんこう	인구	☐
31	世界	せかい	세계	☐
32	世話	せわ	돌봄, 보살핌	☐
33	台所	だいどころ	부엌	☐
34	台風	たいふう	태풍	☐
35	建物	たてもの	건물	☐
36	力	ちから	힘	☐
37	地図	ちず	지도	☐
38	茶色	ちゃいろ	갈색	☐
39	注意	ちゅうい	주의	☐
40	店員	てんいん	점원	☐
41	時計	とけい	시계	☐
42	鳥	とり	새	☐
43	夏	なつ	여름	☐
44	春	はる	봄	☐
45	昼	ひる	낮	☐
46	病院	びょういん	병원	☐
47	服	ふく	옷	☐

48	冬	ふゆ	겨울	☐
49	勉強	べんきょう	공부	☐
50	町	まち	마을	☐
51	野菜	やさい	야채	☐
52	夕方	ゆうがた	저녁 무렵	☐
53	夕飯	ゆうはん	저녁밥	☐
54	用事	ようじ	볼일	☐
55	洋服	ようふく	양복	☐
56	夜	よる	밤	☐
57	料理	りょうり	요리	☐
58	旅行	りょこう	여행	☐

동사

번호	한자어휘	읽는 법	뜻	체크
1	会う	あう	만나다	☐
2	開ける	あける	열다	☐
3	集まる	あつまる	모이다	☐
4	歩く	あるく	걷다	☐
5	急ぐ	いそぐ	서두르다	☐
6	写す	うつす	(사진을)찍다	☐
7	売る	うる	팔다	☐
8	起きる	おきる	일어나다	☐
9	送る	おくる	보내다	☐
10	思い出す	おもいだす	(지난 시간을) 떠올리다	☐
11	終わる	おわる	끝나다	☐
12	買う	かう	사다	☐
13	帰る	かえる	돌아가다	☐
14	貸す	かす	빌려주다	☐
15	通う	かよう	(학교, 학원에) 다니다	☐
16	借りる	かりる	빌리다	☐
17	考える	かんがえる	생각하다	☐
18	答える	こたえる	대답하다	☐
19	死ぬ	しぬ	죽다	☐
20	住む	すむ	살다	☐
21	足りる	たりる	충분하다	☐
22	使う	つかう	사용하다	☐
23	着く	つく	도착하다	☐
24	作る	つくる	만들다	☐
25	習う	ならう	배우다	☐
26	運ぶ	はこぶ	옮기다, 운반하다	☐
27	始まる	はじまる	시작되다	☐
28	走る	はしる	달리다	☐
29	働く	はたらく	일하다	☐
30	待つ	まつ	기다리다	☐
31	間に合う	まにあう	제시간에 대다	☐
32	持つ	もつ	갖다, 들다	☐
33	別れる	わかれる	헤어지다	☐

형용사 · 기타

번호	한자어휘	읽는 법	뜻	체크
1	青い	あおい	파랗다	☐
2	赤い	あかい	빨갛다	☐
3	明るい	あかるい	밝다	☐
4	暑い	あつい	덥다	☐
5	安心だ	あんしんだ	안심하다	☐
6	多い	おおい	많다	☐
7	同じだ	おなじだ	같다	☐
8	重い	おもい	무겁다	☐
9	急に	きゅうに	갑자기	☐

10	暗い	くらい	어둡다	☐
11	黒い	くろい	까맣다	☐
12	十分だ	じゅうぶんだ	충분하다	☐
13	親切だ	しんせつだ	친절하다	☐
14	正しい	ただしい	바르다, 맞다	☐
15	楽しい	たのしい	즐겁다	☐
16	強い	つよい	강하다	☐
17	早く	はやく	빨리, 일찍	☐
18	広い	ひろい	넓다	☐
19	不便だ	ふべんだ	불편하다	☐
20	古い	ふるい	낡다, 오래되다	☐
21	有名だ	ゆうめいだ	유명하다	☐
22	悪い	わるい	나쁘다	☐

3급

명사

번호	한자어휘	읽는 법	뜻	체크
1	頭	あたま	머리	☐
2	意見	いけん	의견	☐
3	意味	いみ	의미	☐
4	海	うみ	바다	☐
5	運転	うんてん	운전	☐
6	運動	うんどう	운동	☐
7	映画	えいが	영화	☐
8	延期	えんき	연기	☐
9	屋上	おくじょう	옥상	☐
10	会社	かいしゃ	회사	☐
11	体	からだ	몸	☐
12	代わり	かわり	대신	☐
13	気分	きぶん	기분	☐
14	着物	きもの	기모노	☐
15	牛肉	ぎゅうにく	쇠고기	☐
16	近所	きんじょ	근처	☐
17	薬	くすり	약	☐
18	首	くび	고개	☐
19	警備	けいび	경비	☐
20	今朝	けさ	오늘 아침	☐
21	公園	こうえん	공원	☐
22	工業	こうぎょう	공업	☐
23	声	こえ	목소리	☐
24	小鳥	ことり	작은 새	☐
25	参加	さんか	참가	☐
26	産業	さんぎょう	산업	☐
27	試合	しあい	시합	☐
28	地震	じしん	지진	☐
29	自信	じしん	자신감	☐
30	自分	じぶん	자신	☐
31	市民	しみん	시민	☐
32	失敗	しっぱい	실패	☐
33	手術	しゅじゅつ	수술	☐
34	住所	じゅうしょ	주소	☐
35	住民	じゅうみん	주민	☐
36	出席	しゅっせき	출석	☐
37	条件	じょうけん	조건	☐
38	商品	しょうひん	상품	☐
39	将来	しょうらい	장래	☐
40	食事	しょくじ	식사	☐
41	食料品	しょくりょうひん	식료품	☐
42	森林	しんりん	삼림, 숲	☐

43	西洋	せいよう	서양	☐
44	説明	せつめい	설명	☐
45	祖母	そぼ	할머니	☐
46	空	そら	하늘	☐
47	存在	そんざい	존재	☐
48	大使館	たいしかん	대사관	☐
49	代表	だいひょう	대표	☐
50	近く	ちかく	근처	☐
51	地下鉄	ちかてつ	지하철	☐
52	遅刻	ちこく	지각	☐
53	中止	ちゅうし	중지	☐
54	地理	ちり	지리	☐
55	手紙	てがみ	편지	☐
56	遠く	とおく	먼 곳	☐
57	図書館	としょかん	도서관	☐
58	荷物	にもつ	짐	☐
59	発音	はつおん	발음	☐
60	花	はな	꽃	☐
61	光	ひかり	빛	☐
62	文	ぶん	문장	☐
63	部屋	へや	방	☐
64	貿易	ぼうえき	무역	☐
65	法律	ほうりつ	법률	☐
66	保存	ほぞん	보존	☐
67	窓	まど	창문	☐
68	店	みせ	가게	☐
69	森	もり	숲	☐
70	用意	ようい	준비	☐
71	流行	りゅうこう	유행	☐
72	歴史	れきし	역사	☐

동사

번호	한자어휘	읽는 법	뜻	체크
1	教える	おしえる	가르치다	☐
2	泳ぐ	およぐ	헤엄치다	☐
3	返す	かえす	돌려주다, 갚다	☐
4	断る	ことわる	거절하다	☐
5	進む	すすむ	나아가다	☐
6	建てる	たてる	(건물을)짓다	☐
7	疲れる	つかれる	피로해지다, 지치다	☐
8	続く	つづく	계속되다	☐
9	通る	とおる	통과하다	☐
10	届く	とどく	도착하다	☐
11	止まる	とまる	서다, 멈추다	☐
12	悩む	なやむ	고민하다	☐
13	乗る	のる	타다	☐
14	拾う	ひろう	줍다	☐
15	守る	まもる	지키다	☐
16	求める	もとめる	요구하다	☐

형용사 · 기타

번호	한자어휘	읽는 법	뜻	체크
1	忙しい	いそがしい	바쁘다	☐
2	痛い	いたい	아프다	☐
3	好きだ	すきだ	좋아하다	☐
4	涼しい	すずしい	서늘하다	☐
5	近い	ちかい	가깝다	☐
6	特別だ	とくべつだ	특별하다	☐
7	短い	みじかい	짧다	☐
8	安い	やすい	싸다	☐
9	豊かだ	ゆたかだ	풍부하다	☐

01 과

음독이 1개인 글자

館

広

料

勉

別

用

運

以

場

進

PART 1

館

집 **관**

총획 16획
부수 (食)

음독	かん	会館かいかん 회관　大使館たいしかん 대사관 図書館としょかん 도서관
훈독	―	

음독 예문

市民会館(しみんかいかん)の 近(ちか)くに 駐車場(ちゅうしゃじょう)は ありますか。
시민회관 근처에 주차장은 있습니까?

日本大使館(にほんたいしかん)へ 行(い)きたいんですが。
일본대사관에 가고 싶습니다만.

図書館(としょかん)へ 行(い)って 勉強(べんきょう)を しました。
도서관에 가서 공부를 했습니다.

広

넓을 **광**

총획 5획
부수 (广)

음독	こう	広大こうだい 광대함
훈독	ひろい	広ひろい 넓다　広場ひろば 광장

음독 예문

あの 広大(こうだい)な 土地(とち)は 何(なに)に 使用(しよう)されるのですか。
저 광대한 토지는 무엇에 사용되는 것입니까?

훈독 예문

もう 少(すこ)し 広(ひろ)い 部屋(へや)に 住(す)みたい。
조금 더 넓은 방에 살고 싶다.

明日(あした)の 朝(あさ) 10時(じ)までに 駅前(えきまえ)の 広場(ひろば)に 集(あつ)まって ください。
내일 아침 10시까지 역 앞 광장에 모여 주세요.

料
헤아릴 **료**

총획 10획
부수 (斗)

음독	りょう	料金りょうきん 요금 / 料理りょうり 요리 / 原料げんりょう 원료 / 入場料にゅうじょうりょう 입장료 / 無料むりょう 무료
훈독	―	

음독 예문

電話(でんわ) 料金(りょうきん)が 高(たか)くて 困(こま)って います。
전화 요금이 비싸서 애를 먹고 있습니다.

ビールの 原料(げんりょう)は 麦(むぎ)です。
맥주의 원료는 보리입니다.

映画(えいが)の 入場料(にゅうじょうりょう)は いくらですか。
영화 입장료는 얼마입니까?

勉
힘쓸 **면**

총획 10획
부수 (力)

음독	べん	勉学べんがく 면학 / 勉強べんきょう 공부 / 勤勉きんべん 근면
훈독	―	

음독 예문

現在(げんざい) 大学(だいがく)で 勉学(べんがく)に 励(はげ)んで いる。
현재 대학에서 면학에 힘쓰고 있다.

学校(がっこう)で 日本語(にほんご)の 勉強(べんきょう)を しました。
학교에서 일본어 공부를 했습니다.

あの 人(ひと)は とても 勤勉(きんべん)な 人(ひと)です。
저 사람은 매우 근면한 사람입니다.

別

다를 **별**

총획 7획
부수 (刂)

음독	べつ	別べつに 별로, 특별히	別人べつじん 딴사람
		区別くべつ 구별	送別会そうべつかい 송별회
훈독	わかれる	別わかれる 헤어지다	

음독 예문

今日(きょう)は 別(べつ)に 忙(いそが)しく ない。
오늘은 별로 바쁘지 않다.

明日(あした)は 会社(かいしゃ)の 人(ひと)の 送別会(そうべつかい)が あります。
내일은 회사 동료의 송별회가 있습니다.

훈독 예문

彼女(かのじょ)と 別(わか)れて もう 一年目(いちねんめ)に なる。
그녀와 헤어지고 벌써 1년째가 된다.

用

쓸 **용**

총획 5획
부수 (用)

음독	よう	用意ようい 준비	用事ようじ 볼일
		使用しよう 사용	
훈독	もちいる	用もちいる 이용하다, 쓰다	

음독 예문

出(で)かける 用意(ようい)を する。 나갈 준비를 하다.

急(きゅう)に 用事(ようじ)が できてしまった。 갑자기 볼일이 생겨버렸다.

使用中(しようちゅう)です。 사용 중입니다.

훈독 예문

今度(こんど)は 新(あたら)しい 方法(ほうほう)を 用(もち)いよう。 이번에는 새로운 방법을 이용하자.

運

운전할 운

총획 12획
부수 (⻌)

음독	うん	運うん 운 運動うんどう 운동	運転うんてん 운전
훈독	はこぶ	運はこぶ 운반하다, 나르다	

음독 예문

運(うん)が 悪(わる)いとは 思(おも)いません。 운이 나쁘다고는 생각하지 않습니다.

よっぱらい運転(うんてん)で 捕(つか)まった。 음주 운전으로 붙잡혔다.

毎日(まいにち)、運動(うんどう)を して いますか。 매일 운동을 하고 있습니까?

훈독 예문

荷物(にもつ)は 車(くるま)で 運(はこ)びましょう。 짐은 차로 나릅시다.

以

써 이

총획 5획
부수 (人)

음독	い	以下いか 이하 以後いご 이후 以前いぜん 이전 以来いらい 이후	以外いがい 이외 以上いじょう 이상 以内いない 이내
훈독	ー		

음독 예문

もう これ 以上(いじょう)は 食(た)べられません。
이제 더 이상은 먹을 수 없습니다.

彼(かれ)は 以前(いぜん)とは 違(ちが)って まったく 人(ひと)が 変(か)わってしまった。
그는 이전과는 달리 완전히 사람이 변해버렸다.

駅(えき)から 会社(かいしゃ)まで 歩(ある)いて 十分(じゅっぷん) 以内(いない)です。
역에서 회사까지 걸어서 10분 이내입니다.

場

마당 **장**

음독	じょう	会場かいじょう 회장 / 工場こうじょう 공장 / 入場にゅうじょう 입장
훈독	ば	場合ばあい 경우 / 場所ばしょ 장소 / 市場いちば 시장

총획 ⑫획
부수 (土)

음독 예문

車(くるま)の 生産工場(せいさんこうじょう)で 働(はたら)いて います。 자동차 생산 공장에서 일하고 있습니다.

훈독 예문

雨天(うてん)の 場合(ばあい)は 運動会(うんどうかい)を 中止(ちゅうし)します。 우천의 경우에는 운동회를 중지하겠습니다.

バスが 込(こ)んで いて 座(すわ)る 場所(ばしょ)が ない。 버스가 붐벼서 앉을 자리가 없다.

毎日(まいにち) 市場(いちば)へ 買(か)い物(もの)に 行(い)きます。 매일 시장으로 장 보러 갑니다.

進

나아갈 **진**

음독	しん	進学しんがく 진학 / 進出しんしゅつ 진출 / 進歩しんぽ 진보
훈독	すすむ	進すすむ 나아가다, 진행되다 / 進すすめる 진행시키다

총획 ⑪획
부수 (辶)

음독 예문

大学(だいがく)に 進学(しんがく)する つもりです。 대학에 진학할 생각입니다.

海外(かいがい)に 進出(しんしゅつ)する いい タイミングだ。 해외에 진출할 좋은 타이밍이다.

子供(こども)は 一日(いちにち) 一日(いちにち) 進歩(しんぽ)して いる。 아이는 하루 하루 진보하고 있다.

훈독 예문

計画(けいかく)は うまく 進(すす)んで いる。 계획은 잘 진행되고 있다.

연습문제

정답 p.186

I 다음 한자어의 바른 읽기를 골라 보세요.

1 広場　こうば　ひろば

2 進学　しんがく　じんがく

3 料理　ようり　りょうり

4 広大　こうだい　ひろだい

5 用事　ゆうじ　ようじ

II 다음 보기에서 알맞은 한자를 골라 어휘를 완성해 보세요.

보기	運	以	料	場	勉

1 공부 べんきょう　□強

2 요금 りょうきん　□金

3 입장 にゅうじょう　入□

4 이상 いじょう　□上

5 운동 うんどう　□動

III 밑줄 친 한자어의 읽는 법을 보기에서 찾아서 히라가나로 써넣어 보세요.

보기	べつ	はこ	ひろ	すす
	うん	わか	いちば	としょかん

1 今日(きょう)は 仕事(しごと)が 進んだ。
( )

2 駅(えき)の 近(ちか)くに 大(おお)きな 市場が ある。
( )

3 図書館から 本(ほん)を 借(か)りた。
( )

4 別に ほしい ものは ありません。
( )

5 荷物(にもつ)を 運ぶ。
( )

6 運が 悪(わる)い。
( )

7 駅(えき)で 友達(ともだち)と 別れる。
( )

8 広い 部屋(へや)
( )

02과

음독이 2개인 글자

工
台
図
文
物
質
茶
便
合
画

PART 1

工

장인 **공**

工

총획 3획
부수 (工)

음독	こう	工業こうぎょう 공업	工作こうさく 공작
	く	大工だいく 목수	
훈독	―		

工 工 工

음독 예문

工作(こうさく)の 時間(じかん)に おもちゃを 作(つく)った。
공작 시간에 장난감을 만들었다.

大工(だいく)さんが 家(いえ)を 建(た)てて いる。
목수가 집을 짓고 있다.

台

집 **대**

台

총획 5획
부수 (口)

음독	だい	台所だいどころ 부엌	
		土台どだい 토대	二台にだい 두대
	たい	台風たいふう 태풍	
훈독	―		

台 台 台 台 台

음독 예문

台所(だいどころ)で 料理(りょうり)を 作(つく)った。
부엌에서 요리를 만들었다.

土台(どだい)が しっかりして いないので、地震(じしん)で 家(いえ)が 倒(たお)れた。
토대가 제대로 되어 있지 않아서 지진으로 집이 쓰러졌다.

うちには テレビが 二台(にだい) あります。 집에는 텔레비전이 두 대 있습니다.

台風(たいふう)が 近(ちか)づいて いる。 태풍이 다가오고 있다.

図

그림 도

총획 7획
부수 (口)

음독	と	図書としょ 도서	
	ず	図工ずこう 도공(그림과 공작)	
		合図あいず 신호	地図ちず 지도
훈독	ー		

음독 예문

図工(ずこう)の 時間(じかん)に 版画(はんが)を 作(つく)った。
도공 시간에 판화를 만들었다.

目(め)と 目(め)で 合図(あいず)する。
눈과 눈으로 신호하다.

壁(かべ)に 日本(にほん)の 地図(ちず)が はって ある。
벽에 일본 지도가 붙어 있다.

文

글월 문

총획 4획
부수 (文)

음독	ぶん	文化ぶんか 문화	文学ぶんがく 문학
		文書ぶんしょ 문서	文章ぶんしょう 문장
		文明ぶんめい 문명	
	もん	文句もんく 불평, 문구	
훈독	ふみ	恋文こいぶみ 연애편지	

음독 예문

十一月(じゅういちがつ) 三日(みっか)は 文化(ぶんか)の日(ひ)です。
11월 3일은 문화의 날입니다.

この 文章(ぶんしょう)を 説明(せつめい)して もらえますか。
이 문장을 설명해줄 수 있어요?

母(はは)に 文句(もんく)を 言(い)われる。
엄마에게 잔소리를 듣다.

物

물건 **물**

총획 8획
부수 (牜)

음독	ぶつ	物価ぶっか 물가
	もつ	荷物にもつ 짐
훈독	もの	物もの 물건 買かい物もの 쇼핑　着物きもの 기모노 品物しなもの 물건

物 物 物 物 物 物 物 物

음독 예문

日本(にほん)は 物価(ぶっか)が 高(たか)い。 일본은 물가가 비싸다.

훈독 예문

私(わたし)は 物(もの)を 捨(す)てられない タイプです。 저는 물건을 못 버리는 타입이에요.

月(つき)に 一回(いっかい)は 母(はは)と 買(か)い物(もの)に 行(い)きます。 한 달에 한 번은 엄마와 쇼핑하러 갑니다.

りっぱな 着物(きもの)を 着(き)て いる。 멋있는 기모노를 입고 있다.

質

바탕 **질**

총획 15획
부수 (貝)

음독	しつ	質問しつもん 질문 体質たいしつ 체질　品質ひんしつ 품질 本質ほんしつ 본질
	しち	質屋しちや 전당포
훈독	―	

質 質 質 質 質 質 質 質 質 質 質 質 質 質 質

음독 예문

何(なに)か 質問(しつもん)が ありますか。 뭔가 질문이 있습니까?

病気(びょうき)に なりやすい 体質(たいしつ)です。 병에 잘 걸리는 체질입니다.

人間(にんげん)の 本質(ほんしつ)は どこに あるのでしょうか。 인간의 본질은 어디에 있는 걸까요?

ネックレスを 質屋(しちや)で 売(う)りたいのですが。 목걸이를 전당포에서 팔고 싶습니다만.

茶

차 **차**

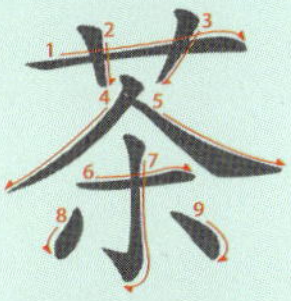

총획 9획
부수 (艹)

음독	ちゃ	お茶ちゃ 차 / 茶色ちゃいろ 갈색 / 茶ちゃの間ま 다실 / 茶碗ちゃわん 찻잔, 밥공기
	さ	喫茶店きっさてん 찻집
훈독	ー	

음독 예문

A お茶(ちゃ)と コーヒーと どちらが 好(す)きですか。
차와 커피 중에서 어느 쪽을 좋아합니까?

B 私(わたし)は お茶(ちゃ)より コーヒーの 方(ほう)が 好(す)きです。
저는 차보다 커피를 좋아합니다.

茶色(ちゃいろ)の コートを 買(か)いました。 갈색 코트를 샀습니다.

毎朝(まいあさ) 会社(かいしゃ)の 近(ちか)くの 喫茶店(きっさてん)で コーヒーを 飲(の)みます。
매일 아침, 회사 근처 찻집에서 커피를 마십니다.

便

편할 **편**

총획 9획
부수 (亻)

음독	べん	便利べんり 편리 / 不便ふべん 불편
	びん	郵便局ゆうびんきょく 우체국 / 宅配便たくはいびん 택배
훈독	たより	便たより 소식

음독 예문

この かばんは いろいろ たくさん 入(はい)るので 便利(べんり)だ。
이 가방은 여러 가지 많이 들어가서 편리하다.

ここは 交通(こうつう)が 不便(ふべん)だ。
여기는 교통이 불편하다.

郵便局(ゆうびんきょく)へ 手紙(てがみ)を 出(だ)しに 行(い)きます。
우체국에 편지를 부치러 갑니다.

合

합할 **합**

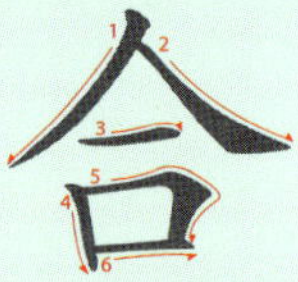

총획 6획
부수 (口)

음독	ごう	合格ごうかく 합격	合計ごうけい 합계
		会合かいごう 모임	都合つごう 사정, 형편
	がっ	合作がっさく 합작	
훈독	あう あわせる	合あう 맞다	合あわせる 맞추다, 합치다

음독 예문

大学(だいがく)に 合格(ごうかく)しました。 대학에 합격했습니다.

会合(かいごう)が 月(つき)に 一度(いちど) ある。 모임이 한 달에 한 번 있다.

その 映画(えいが)は 韓日合作(かんにちがっさく)の 作品(さくひん)だ。 그 영화는 한일 합작 작품이다.

훈독 예문

私(わたし)の 好(この)みに 合(あ)わない。 내 취향에 맞지 않는다.

画

그림 **화**
그을 **획**

총획 8획
부수 (田)

음독	が	画家がか 화가	画面がめん 화면
		映画えいが 영화	
	かく	区画くかく 구획	計画けいかく 계획
훈독	ー		

음독 예문

画家(がか)を 目指(めざ)して いる。 화가를 목표로 하고 있다.

画面(がめん)が 小(ちい)さくて、読(よ)みにくい。 화면이 작아서 읽기 힘들다.

週末(しゅうまつ)は 友(とも)だちと 映画(えいが)を 見(み)ました。 주말에는 친구와 영화를 보았습니다.

今後(こんご)、どんな 計画(けいかく)が ありますか。 앞으로 어떤 계획이 있나요?

연습문제

정답 p.186

I 다음 한자어의 바른 읽기를 골라 보세요.

1 台所 　だいどころ　たいどころ

2 文句 　ぶんく　もんく

3 大工 　だいく　だいこう

4 合図 　あいと　あいず

5 便利 　べんり　びんり

II 다음 보기에서 알맞은 한자를 골라 어휘를 완성해 보세요.

보기	台	合	物	文	画

1 문화 ぶんか　□ 化

2 합격 ごうかく　□ 格

3 화가 がか　□ 家

4 짐 にもつ　荷 □

5 태풍 たいふう　□ 風

III 밑줄 친 한자어의 읽는 법을 보기에서 찾아서 히라가나로 써넣어 보세요.

보기	にだい	しつもん	ゆうびんきょく	あ
	えいが	かいもの	たよ	ちゃ

1 この シャツは 私(わたし)に ぴったり 合う。
( )

2 彼女(かのじょ)は 買い物に 出(で)かけている。
( )

3 お茶を 入(い)れる。
( )

4 テレビが 二台 あります。
( )

5 郵便局へ 手紙(てがみ)を 出(だ)しに 行(い)く。
( )

6 先生(せんせい)に 質問する。
( )

7 映画を 見(み)る。
( )

8 何(なん)の 便りも ない。
( )

03과

음독이 틀리기 쉬운 글자

服

不

洗

業

研

牛

肉

策

集

PART 1

服

옷 **복**

총획 8획
부수 (月)

음독	ふく	服ふく 옷	服用ふくよう 복용
		一服いっぷく 잠깐 쉼	制服せいふく 제복, 교복
훈독	―		

음독 예문

どんな 服(ふく)を 着(き)ると いいでしょうか。
어떤 옷을 입으면 좋을까요?

この 薬(くすり)は 食後(しょくご)に 服用(ふくよう)して ください。
이 약은 식후에 복용해 주세요.

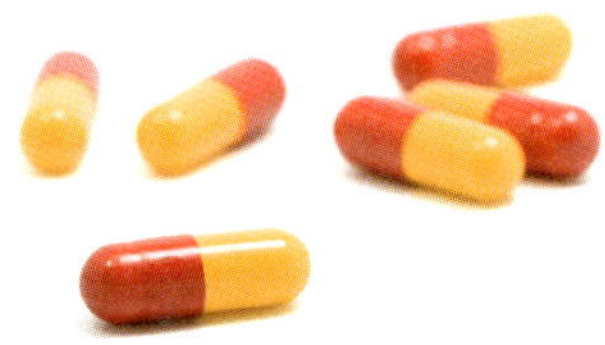

ちょっと 一服(いっぷく)しましょう。
잠깐 쉽시다.

不

아닐 **불**

총획 4획
부수 (一)

음독	ふ	不安ふあん 불안	不足ふそく 부족
		不当ふとう 부당	不満ふまん 불만
	ぶ	不用心ぶようじん (경계가) 소홀함	
훈독	―		

음독 예문

将来(しょうらい)が 不安(ふあん)です。 장래가 불안합니다.

水(みず)が 不足(ふそく)して いる。 물이 부족하다.

不当(ふとう)な 圧力(あつりょく)を かける。 부당한 압력을 가하다.

会社(かいしゃ)に 不満(ふまん)が あります。 회사에 불만이 있습니다.

洗

씻을 **세**

총획 9획
부수 (氵)

음독	せん	洗顔せんがん 세안 洗濯機せんたくき 세탁기	洗剤せんざい 세제 洗面せんめん 세면
훈독	あらう	洗あらう 씻다	

음독 예문

洗顔(せんがん)は 一日(いちにち)に 何回(なんかい) しますか。 세안은 하루에 몇 번 합니까?

旅行(りょこう)に 持(も)って いく 洗面道具(せんめんどうぐ)を 用意(ようい)しました。
여행에 가져 갈 세면도구를 준비했습니다.

洗濯機(せんたくき)を 回(まわ)す。 세탁기를 돌리다.

훈독 예문

冷(つめ)たい 水(みず)で 顔(かお)を 洗(あら)った。 차가운 물로 얼굴을 씻었다.

弱

약할 **약**

총획 10획
부수 (弓)

음독	じゃく	弱点じゃくてん 약점 強弱きょうじゃく 강약	
훈독	よわい	弱よわい 약하다	弱虫よわむし 겁쟁이

음독 예문

あの 人(ひと)は 弱点(じゃくてん)の ない すばらしい 選手(せんしゅ)です。
저 사람은 약점이 없는 훌륭한 선수입니다.

훈독 예문

彼(かれ)は 体(からだ)が 弱(よわ)い。 그는 몸이 약하다.

私(わたし)は 弱虫(よわむし)です。 저는 겁쟁이예요.

業

업 **업**

총획 13획
부수 (木)

음독	ぎょう	業界ぎょうかい 업계	
		卒業そつぎょう 졸업	事業じぎょう 사업
	ごう	自業自得じごうじとく 자업자득	
훈독	わざ	業わざ 행위, 소행, 짓	

음독 예문

卒業式(そつぎょうしき)が 行(おこな)われた。
졸업식이 거행되었다.

事業(じぎょう)に 手(て)を 出(だ)す。
사업에 손을 대다.

風邪(かぜ)を ひいたのも 自業自得(じごうじとく)です。
감기에 걸린 것도 자업자득입니다.

研

갈 **연**

총획 9획
부수 (石)

음독	けん	研究けんきゅう 연구	研修けんしゅう 연수
훈독	とぐ	研とぐ 갈다, 연마하다	

음독 예문

中東諸国(ちゅうとうしょこく)について 研究(けんきゅう)して います。
중동의 여러 국가에 관해 연구하고 있습니다.

一週間(いっしゅうかん)、研修(けんしゅう)を 受(う)ける ことに なりました。
1주일간 연수를 받게 되었습니다.

牛

소 우

牛

총획 4획
부수 (牛)

음독	ぎゅう	牛耳ぎゅうじる 좌지우지하다(예외동사) 牛肉ぎゅうにく 쇠고기　牛乳ぎゅうにゅう 우유
훈독	うし	牛うし 소 子牛こうし 송아지

牛 牛 牛 牛

음독 예문

彼(かれ)は 党(とう)を 牛耳(ぎゅうじ)って いる。 그는 당을 좌지우지하고 있다.

毎日(まいにち) 牛乳(ぎゅうにゅう)を 飲(の)んで いる。 매일 우유를 마시고 있다.

훈독 예문

牧場(ぼくじょう)には 馬(うま)や 牛(うし)が たくさん いました。 목장에는 말과 소가 많이 있었습니다.

生(う)まれた ばかりの 子牛(こうし) 갓 태어난 송아지

肉

고기 육

肉

총획 6획
부수 (肉)

음독	にく	肉にく 고기　肉親にくしん 육친 肉食にくしょく 육식　肉声にくせい 육성 肉体にくたい 육체 豚肉ぶたにく 돼지고기　焼やき肉にく 불고기
훈독	–	

肉 肉 肉 肉 肉 肉

음독 예문

肉(にく)より 魚(さかな)の 方(ほう)が 好(す)きです。
고기보다 생선 쪽을 좋아해요.

イスラム教徒(きょうと)は 豚肉(ぶたにく)を 食(た)べない。
이슬람 교도는 돼지고기를 먹지 않는다.

焼(や)き肉(にく)を 食(た)べに 行(い)きます。
불고기를 먹으러 갑니다.

作

지을 **작**

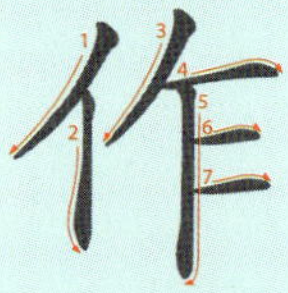

총획 7획
부수 (亻)

음독	さく	作品さくひん 작품	作文さくぶん 작문
	さ	作業さぎょう 작업	作用さよう 작용
		動作どうさ 동작	
훈독	つくる	作つくる 만들다	

음독 예문

宿題(しゅくだい)で 文学作品(ぶんがくさくひん)を 読(よ)む。 숙제로 문학 작품을 읽다.

作文(さくぶん)を 書(か)く。 작문을 하다.

パソコンの 動作(どうさ)が 遅(おそ)い。 컴퓨터 동작이 느리다.

훈독 예문

お母(かあ)さんは 家族(かぞく)のために いろいろ 料理(りょうり)を 作(つく)ります。
어머니는 가족을 위해서 여러 가지 요리를 만듭니다.

集

모을 **집**

총획 12획
부수 (隹)

음독	しゅう	集会しゅうかい 집회	集中しゅうちゅう 집중
훈독	あつまる	集あつまる 모이다	
	あつめる	集あつめる 모으다	

음독 예문

ここは 危(あぶ)ないですから、集団(しゅうだん)で 行動(こうどう)して ください。
이곳은 위험하니 집단으로 행동해 주세요.

先生(せんせい)との 時間(じかん)は、勉強(べんきょう)に 集中(しゅうちゅう)できた。
선생님과의 시간은 공부에 집중할 수 있었다.

훈독 예문

大(おお)きな 注目(ちゅうもく)を 集(あつ)めた。 큰 주목을 모았다.

연습문제

정답 p.186

I 다음 한자어의 바른 읽기를 골라 보세요.

1 不満　ふまん　ぶまん

2 洗濯機　せたくき　せんたくき

3 研究　けんきゅう　えんきゅう

4 牛肉　ぶたにく　ぎゅうにく

5 事業　じごう　じぎょう

II 다음 보기에서 알맞은 한자를 골라 어휘를 완성해 보세요.

보기	不	業	肉	作	洗

1 졸업 そつぎょう　卒 ☐

2 불안 ふあん　☐ 安

3 세안 せんがん　☐ 顔

4 작문 さくぶん　☐ 文

5 육식 にくしょく　☐ 食

III 밑줄 친 한자의 읽는 법을 보기에서 찾아서 히라가나로 써넣어 보세요.

보기				
	と	ふく	にく	よわ
	うし	あつ	つく	あら

1 服を 脱(ぬ)いで、きちんと たたむ。
(　　　　)

2 彼女(かのじょ)は 体(からだ)が 弱い。
(　　　　)

3 いろいろな 料理(りょうり)を 作る。
(　　　　)

4 包丁(ほうちょう)を 研ぐ。
(　　　　)

5 牛を 飼(か)う。
(　　　　)

6 肉を 食(た)べる。
(　　　　)

7 顔(かお)を 洗う。
(　　　　)

8 データを 集める。
(　　　　)

쉬어 가기

• 숫자 한자를 읽어 볼까요?

一 いち 1	二 に 2	三 さん 3	四 よん・し 4	五 ご 5
六 ろく 6	七 なな・しち 7	八 はち 8	九 きゅう 9	十 じゅう 10

百 ひゃく 백	二百 にひゃく 2백	三百 さんびゃく 3백	四百 よんひゃく 4백	五百 ごひゃく 5백
六百 ろっぴゃく 6백	七百 ななひゃく 7백	八百 はっぴゃく 8백	九百 きゅうひゃく 9백	

千 せん 천	二千 にせん 2천	三千 さんぜん 3천	四千 よんせん 4천	五千 ごせん 5천
六千 ろくせん 6천	七千 ななせん 7천	八千 はっせん 8천	九千 きゅうせん 9천	

一万 いちまん 만	二万 にまん 2만	三万 さんまん 3만	四万 よんまん 4만	五万 ごまん 5만
六万 ろくまん 6만	七万 ななまん 7만	八万 はちまん 8만	九万 きゅうまん 9만	

一つ ひとつ 한 개	二つ ふたつ 두 개	三つ みっつ 세 개	四つ よっつ 네 개	五つ いつつ 다섯 개
六つ むっつ 여섯 개	七つ ななつ 일곱 개	八つ やっつ 여덟 개	九つ ここのつ 아홉 개	十 とお 열 개

! 탁음 / 반탁음에도 주의하세요.

정답 p.186

확인문제 1

I 다음 숫자의 읽는 법을 히라가나로 써 보세요.

1 三百 ( )
2 六百 ( )
3 八百 ( )
4 三千 ( )
5 六千 ( )
6 八千 ( )
7 一万 ( )
8 九 ( )
9 七 ( )
10 四 ( )

II 다음 개수를 나타내는 어휘의 읽는 법을 히라가나로 쓰고 뜻도 써 보세요.

1 十 ( ) ➡ ______
2 七つ ( ) ➡ ______
3 九つ ( ) ➡ ______
4 四つ ( ) ➡ ______
5 一つ ( ) ➡ ______
6 三つ ( ) ➡ ______
7 二つ ( ) ➡ ______
8 五つ ( ) ➡ ______
9 六つ ( ) ➡ ______
10 八つ ( ) ➡ ______

04과

훈독이 1개인 글자

帰

近

起

答

貸

冬

色

転

借

体

PART 1

帰

돌아갈 **귀**

총획 10획
부수 (巾)

음독	き	帰国きこく 귀국	
훈독	かえる	帰かえる 돌아가다	帰かえり 돌아감, 돌아옴
		帰かえり道みち 돌아오는 길	

음독 예문

アメリカで 大学(だいがく)を 卒業(そつぎょう)して、昨日(きのう) 日本(にほん)に 帰国(きこく)しました。
미국에서 대학을 졸업하고, 어제 일본에 귀국했습니다.

훈독 예문

バスで 家(うち)へ 帰(かえ)ります。
버스로 집으로 돌아갑니다.

帰(かえ)りは 早(はや)かったり 遅(おそ)かったり する。
귀가는 이르기도 하고 늦기도 한다.

近

가까울 **근**

총획 7획
부수 (辶)

음독	きん	近所きんじょ 근처, 이웃	近代きんだい 근대
		最近さいきん 최근	
훈독	ちかい	近ちかい 가깝다	近ちかく 근처
		近道ちかみち 지름길	

음독 예문

近所(きんじょ)の 人(ひと)に 声(こえ)を かけて もらった。 이웃 사람이 말을 걸어왔다.

近代的(きんだいてき)な ビルが 立(た)ち並(なら)ぶ。 근대적인 빌딩이 늘어서다.

훈독 예문

私(わたし)の 会社(かいしゃ)は 駅(えき)の 近(ちか)くに あります。
우리 회사는 역 근처에 있습니다.

駅(えき)への 近道(ちかみち) 역까지 가는 지름길.

起

일어날 **기**

총획 10획
부수 (走)

음독	き	起立きりつ 기립	起床きしょう 기상
훈독	おこる	起おきる 일어나다 起おこる 발생하다	起おこす 깨우다

起 起 起 起 起 起 起 起 起 起

음독 예문

全員(ぜんいん) 起立(きりつ)して 迎(むか)える。
전원 기립해서 맞이하다.

훈독 예문

明日(あした)は 早(はや)く 起(お)きましょう。
내일은 일찍 일어납시다.

毎朝(まいあさ) 私(わたし)は 母(はは)に 起(お)こされる。
매일 아침, 나는 엄마가 깨워서 일어난다.

答

대답할 **답**

총획 12획
부수 (竹)

음독	とう	答案とうあん 답안	
		応答おうとう 응답 問答もんどう 문답	解答かいとう 해답
훈독	こたえる	答こたえる 대답하다	

答 答 答 答 答 答 答 答 答 答 答 答

음독 예문

答案(とうあん)は 鉛筆(えんぴつ)で 書(か)きなさい。
답안은 연필로 쓰세요.

数学問題(すうがくもんだい)は 解答(かいとう)を 見(み)ても 分(わ)かりません。
수학 문제는 해답을 봐도 모르겠습니다.

훈독 예문

先生(せんせい)の 質問(しつもん)に 答(こた)える。 선생님의 질문에 대답하다.

貸

빌릴 **대**

貸

총획 12획
부수 (貝)

음독	たい	賃貸ちんたい 임대	
훈독	かす	貸かす 빌려주다	貸かし切きり 전세

貸 貸 貸 貸 貸 貸 貸 貸 貸 貸 貸 貸

음독 예문

賃貸(ちんたい)マンションに 住(す)んで います。
임대 맨션에 살고 있습니다.

훈독 예문

友達(ともだち)に お金(かね)を 貸(か)しました。
친구에게 돈을 빌려 주었습니다.

冬

겨울 **동**

冬

총획 5획
부수 (夂)

음독	とう	冬至とうじ 동지	冬眠とうみん 동면
		初冬しょとう 초겨울	
훈독	ふゆ	冬ふゆ 겨울	冬休ふゆやすみ 겨울 방학

冬 冬 冬 冬 冬

음독 예문

冬至(とうじ)は 十二月(じゅうにがつ) 二十二日(にじゅうににち)です。 동지는 12월 22일입니다.

今朝(けさ)は すっかり 初冬(しょとう)のような 気(き)が します。
오늘 아침은 완전히 초겨울 같은 기분이 듭니다.

훈독 예문

寒(さむ)い 冬(ふゆ)が やってきました。 추운 겨울이 찾아왔습니다.

冬休(ふゆやす)みの 計画(けいかく)を 立(た)てる。 겨울 방학 계획을 세우다.

色

빛 **색**

총획 6획
부수 (色)

음독	しょく	特色とくしょく 특색	
	しき	色彩しきさい 색채	色盲しきもう 색맹
훈독	いろ	色いろ 색	
		顔色かおいろ 안색	音色ねいろ 음색

음독 예문

この町(まち)には これといった 特色(とくしょく)が ありません。
이 마을에는 이렇다 할 만한 특색이 없습니다.

훈독 예문

どんな 色(いろ)が 好(す)きですか。 어떤 색을 좋아하나요?

社長(しゃちょう)の 顔色(かおいろ)を うかがう。 사장님의 안색을 살피다.

転

구를 **전**

총획 11획
부수 (車)

음독	てん	転校てんこう 전학	転職てんしょく 전직
		回転かいてん 회전	自転車じてんしゃ 자전거
훈독	ころぶ	転ころぶ 넘어지다, 구르다	

음독 예문

引(ひ)っ越(こ)すので、転校(てんこう)する ことに なりました。
이사하기 때문에 전학하게 되었습니다.

自転車(じてんしゃ)で 来(き)ました。 자전거로 왔습니다.

훈독 예문

階段(かいだん)で 転(ころ)んでしまいました。 계단에서 구르고 말았습니다.

借

빌릴 **차**

借

총획 10획
부수 (亻)

음독	しゃく	借金 しゃっきん 빚, 돈을 꿈　借家 しゃくや 셋집 借用 しゃくよう 차용
훈독	かりる	借かりる 빌리다

借 借 借 借 借 借 借 借 借 借

음독 예문

今(いま)は 借金(しゃっきん)が ない。 지금은 빚이 없다.

借家(しゃくや)を 探(さが)して いる。 셋집을 찾고 있다.

借用書(しゃくようしょ)を 作(つく)りました。 차용서를 만들었습니다.

훈독 예문

図書館(としょかん)から 本(ほん)を 借(か)りた。 도서관에서 책을 빌렸다.

体

몸 **체**

体

총획 7획
부수 (亻)

음독	たい	体育 たいいく 체육　体重 たいじゅう 체중 体操 たいそう 체조　体力 たいりょく 체력
	てい	体裁 ていさい 체재, 외관, 겉보기
훈독	からだ	体 からだ 몸

体 体 体 体 体 体 体

음독 예문

体育(たいいく)の 時間(じかん)に バスケットボールを しました。 체육 시간에 농구를 했습니다.

体重(たいじゅう)が 五(ご)キロも 増(ふ)えました。 체중이 5킬로그램이나 늘었습니다.

今(いま)の 体力(たいりょく)では、無理(むり)です。 지금 체력으로는 무리입니다.

훈독 예문

体(からだ)の 調子(ちょうし)が 悪(わる)い。 몸의 상태가 나쁘다.

연습문제

정답 p.187

I 다음 한자어의 바른 읽기를 골라 보세요.

1 体重　たいじゅう　ていじゅう

2 冬　ふゆ　なつ

3 答案　とつあん　とうあん

4 特色　とくしょく　とくしき

5 近代　きんだい　ぎんだい

II 다음 보기에서 알맞은 한자를 골라 어휘를 완성해 보세요.

보기	起	体	近	転	借

1 빚 しゃっきん　□金

2 자전거 じてんしゃ　自□車

3 최근 さいきん　最□

4 체력 たいりょく　□力

5 기립 きりつ　□立

III 밑줄 친 한자의 읽는 법을 보기에서 찾아서 히라가나로 써넣어 보세요.

보기	いろ	からだ	こた	お
	かえ	ちか	ころ	か

1 彼女(かのじょ)から お金(かね)を 借りた。

( )

2 私(わたし)の 家(うち)は 駅(えき)の 近くに ある。

( )

3 石(いし)に つまずいて 転ぶ。

( )

4 体が 丈夫(じょうぶ)だ。

( )

5 明(あか)るい 色の ブラウスを 買(か)った。

( )

6 家(うち)へ 帰る。

( )

7 朝早(あさはや)く 起きる。

( )

8 質問(しつもん)に 答える。

( )

05과

훈독이 2개인 글자

空

試

夜

音

足

重

着

親

通

好

PART 1

空

빌 **공**

총획 8획
부수 (穴)

음독	くう	空気くうき 공기 空車くうしゃ 빈 차	空港くうこう 공항 空席くうせき 공석
훈독	そら	空そら 하늘	青空あおぞら 파란 하늘
	あく	空あく 비다	

空 空 空 空 空 空 空 空

음독 예문

四名様(よんめいさま)、空席(くうせき)が あります。
4명 손님, 빈자리가 있습니다.

훈독 예문

空(そら)を 飛(と)びたいです。 하늘을 날고 싶습니다.

時間(じかん)が 空(あ)いて いますか。 시간이 비어 있나요?

試

시험 **시**

총획 13획
부수 (言)

음독	し	試合しあい 시합 試着しちゃく 시착	試食ししょく 시식
훈독	こころみる	試こころみる 시도해 보다	
	ためす	試ためす 시험하다	

試 試 試 試 試 試 試 試 試 試 試 試 試

음독 예문

明日(あした) ボウリングの 試合(しあい)が あります。
내일 볼링 시합이 있습니다.

ご自由(じゆう)に 試着(しちゃく)して ください。
자유롭게 입어 보십시오.

훈독 예문

何度(なんど)も 試(こころ)みても、うまく できない。
몇 번이고 시도해 봐도 잘 되지 않는다.

夜

밤 야

夜

총획 8획
부수 (夕)

음독	や	夜間やかん 야간 今夜こんや 오늘 밤
훈독	よ	夜空よぞら 밤하늘　　夜中よなか 한밤중 夜道よみち 밤길
	よる	夜よる 밤, 저녁

夜 夜 夜 夜 夜 夜 夜 夜

음독 예문

今夜(こんや)は 眠(ねむ)れない。 오늘 밤은 잠들 수가 없다.

훈독 예문

夜空(よぞら)に 星(ほし)が 光(ひか)って いる。 밤하늘에 별이 빛나고 있다.

夜中(よなか)に なると、なるべく 食(た)べ物(もの)を 食(た)べないように して います。
한밤중이 되면 가능한 한 음식을 먹지 않으려고 하고 있습니다.

毎日(まいにち) 夜遅(よるおそ)くまで 勉強(べんきょう)する。 매일 밤 늦게까지 공부한다.

音

소리 음

音

총획 9획
부수 (音)

음독	おん	音楽おんがく 음악　　音読おんどく 음독 発音はつおん 발음
	いん	子音しいん 자음　　母音ぼいん 모음
훈독	おと	音おと 소리　　足音あしおと 발소리
	ね	弱音よわね 약한 소리

音 音 音 音 音 音 音 音 音

음독 예문

音楽(おんがく)には 国境(こっきょう)が ない。 음악에는 국경이 없다.

漢字(かんじ)の 読(よ)み方(かた)には 音読(おんどく)と 訓読(くんどく)が ある。 한자 읽는 법에는 음독과 훈독이 있다.

英語(えいご)の 発音(はつおん)が よくない。 영어 발음이 좋지 않다.

훈독 예문

すみませんが、テレビの 音(おと)を 小(ち)さくして もらえませんか。
죄송하지만, 텔레비전 소리를 작게 해줄 수 없나요?

足

발 족

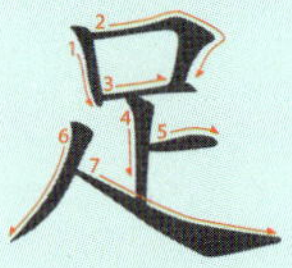

총획 7획
부수 (足)

음독	そく	一足いっそく 한 켤레 満足まんぞく 만족	遠足えんそく 소풍
훈독	あし	足あし 발, 다리 足下あしもと 발밑	足場あしば 발판
	たす たりる	足たす 더하다	足たりる 족하다

음독 예문

靴(くつ)を 一足(いっそく)しか 持(も)って いない。
구두를 한 켤레 밖에 가지고 있지 않다.

훈독 예문

足下(あしもと)に 気(き)をつけて ください。 발밑을 주의하세요.

お金(かね)が 少(すこ)し 足(た)りない。 돈이 조금 부족하다.

重

무거울 중

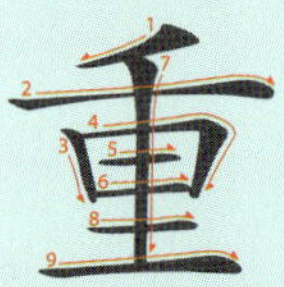

총획 9획
부수 (里)

음독	じゅう	重視じゅうし 중시	重要じゅうよう 중요
	ちょう	貴重品きちょうひん 귀중품	尊重そんちょう 존중
훈독	おもい	重おもい 무겁다	
	かさなる	重かさなる 겹치다	重かさねる 겹쳐지다

음독 예문

車(くるま)を 買(か)う 時(とき)、安全性(あんぜんせい)を 重視(じゅうし)します。 차를 살 때 안전성을 중시합니다.

個人(こじん)の 自由(じゆう)を 尊重(そんちょう)する。 개인의 자유를 존중하다.

훈독 예문

重(おも)い 病気(びょうき)に かかる。 심각한 병에 걸리다.

着

붙을 **착**

총획 12획
부수 (羊)

음독	ちゃく	着工ちゃっこう 착공 / 着手ちゃくしゅ 착수 / 着席ちゃくせき 착석 / 着用ちゃくよう 착용 / 到着とうちゃく 도착
훈독	きる	着きる 입다 / 上着うわぎ 웃옷
	つく	着つく 도착하다

着 着 着 着 着 着 着 着 着 着 着 着

음독 예문

指定席(していせき)に 着席(ちゃくせき)して ください。지정석에 착석해 주세요.

훈독 예문

先生(せんせい)は 青(あお)い スーツを 着(き)て いる。선생님은 파란색 정장을 입고 있다.

何時(なんじ)に 家(うち)に 着(つ)きましたか。몇 시에 집에 도착했나요?

親

친할 **친**

총획 16획
부수 (見)

음독	しん	親切しんせつ 친절 / 親友しんゆう 친한 친구 / 両親りょうしん 부모님
훈독	おや	親おや 부모 / 親子おやこ 부모와 자식
	したしい	親したしい 친하다

親 親 親 親 親 親 親 親 親 親 親 親 親 親 親 親

음독 예문

ユキちゃんは 親切(しんせつ)な 女(おんな)の子(こ)です。유키는 친절한 여자아이입니다.

A 韓国(かんこく)の 両親(りょうしん)の日(ひ)は 何月(なんがつ) 何日(なんにち)ですか。한국의 어버이날은 몇 월 며칠입니까?

B 五月(ごがつ) 八日(ようか)です。5월 8일입니다.

훈독 예문

先日(せんじつ)、親(した)しい 友達(ともだち)の 結婚式(けっこんしき)が ありました。
며칠 전 친한 친구의 결혼식이 있었어요.

通

통할 **통**

총획 10획
부수 (辶)

음독	つう	通行つうこう 통행	通知つうち 통지
		通訳つうやく 통역	
		交通こうつう 교통	普通ふつう 보통
훈독	とおる	通とおる 통하다	
	かよう	通かよう 학교, 학원에 다니다	

通 通 通 通 通 通 通 通 通 通

음독 예문

合格(ごうかく)の 通知(つうち)が 来(き)た。 합격 통지가 왔다.

交通(こうつう)の 便(びん)が よくない。 교통 편이 좋지 않다.

普通(ふつう)、朝(あさ) 七時(しちじ)に 起(お)きます。 보통 아침 7시에 일어납니다.

훈독 예문

歩(ある)いて 学校(がっこう)に 通(かよ)って いる。 걸어서 학교에 다니고 있다.

好

좋을 **호**

총획 6획
부수 (女)

음독	こう	好意こうい 호의	好物こうぶつ 좋아하는 음식
		友好ゆうこう 우호	
훈독	このむ	好このむ (취향, 취미) 좋아하다, 즐기다	
	すく	好すきだ 좋아하다	

好 好 好 好 好 好

음독 예문

彼女(かのじょ)に 好意(こうい)を 持(も)って いる。
그녀에게 호의를 가지고 있다.

友好(ゆうこう)な 関係(かんけい)を 保(たも)つ。
우호 관계를 유지하다.

훈독 예문

姉(あね)は 読書(どくしょ)を 好(この)む。 언니는 독서를 즐긴다.

연습문제

정답 p.187

I 다음 한자어의 바른 읽기를 골라 보세요.

1 通う　　かよう　ちがう

2 親しい　　たのしい　したしい

3 着く　　かく　つく

4 夜中　　よなか　やなか

5 足す　　たす　さす

II 다음 보기에서 알맞은 한자를 골라 어휘를 완성해 보세요.

보기	親	着	音	夜	空

1 공기 くうき　　□ 気

2 발소리 あしおと　　足 □

3 양친, 부모님 りょうしん　　両 □

4 도착 とうちゃく　　到 □

5 야간 やかん　　□ 間

III 밑줄 친 한자어의 읽는 법을 보기에서 찾아서 히라가나로 써넣어 보세요.

보기				
	この	き	おや	あ
	おも	そら	おんがく	よる

1 甘(あま)い ものを 好む。
(　　　　)

2 彼(かれ)は 青(あお)い スーツを 着ている。
(　　　　)

3 3時(じ)から 時間(じかん)が 空いて いる。
(　　　　)

4 かばんが 重い。
(　　　　)

5 音楽を 聞(き)く。
(　　　　)

6 空を 飛(と)ぶ。
(　　　　)

7 夜遅(おそ)くまで 勉強(べんきょう)する。
(　　　　)

8 いい 親に なる。
(　　　　)

06과

모양이 비슷한 글자1

犬
太
字
学
旅
族
妹
姉
林
森

PART 1

犬

개 **견**

犬

총획 4획
부수 (犬)

음독	けん	犬猿けんえんの仲なか 견원지간
		番犬ばんけん 집 지키는 개
훈독	いぬ	犬いぬ 개
		子犬こいぬ 강아지

犬 犬 犬 犬

음독 예문

二人(ふたり)は 犬猿(けんえん)の仲(なか)に なった。

두 사람은 견원지간이 되었다.

훈독 예문

犬(いぬ)を 散歩(さんぽ)に 連(つ)れて 行(い)きました。

개를 산책하러 데리고 갔습니다.

子犬(こいぬ)が 眠(ねむ)って いる。

강아지가 잠들어 있다.

太

클 **태**

太

총획 4획
부수 (大)

음독	たい	太平洋たいへいよう 태평양	太陽たいよう 태양
훈독	ふとい ふとる	太ふとい 굵다	太ふとる 살찌다

太 太 太 太

음독 예문

太陽(たいよう)は 東(ひがし)から のぼる。

태양은 동쪽에서 떠오른다.

훈독 예문

太(ふと)い 松(まつ)の 木(き)

굵은 소나무

私(わたし)の 父(ちち)は、太(ふと)って います。

저의 아버지는 뚱뚱합니다.

字

글자 **자**

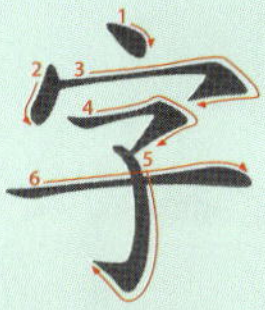

총획 6획
부수 (子)

음독	じ	字じ 글자 赤字あかじ 적자 漢字かんじ 한자 黒字くろじ 흑자
훈독	—	

字 字 字 字 字 字

음독 예문

字(じ)が いつも きれいですね。
글자가 늘 예쁘네요.

経営(けいえい)が 赤字(あかじ)に なる。
경영이 적자가 되다.

住所(じゅうしょ)と 名前(なまえ)を 漢字(かんじ)で 書(か)いて ください。
주소와 이름을 한자로 써 주세요.

学

배울 **학**

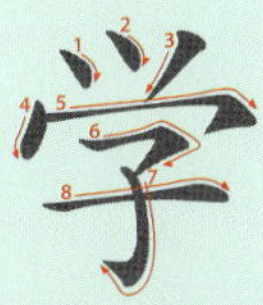

총획 8획
부수 (子)

음독	がく	学校がっこう 학교 学生がくせい 학생 学力がくりょく 학력 見学けんがく 견학 大学だいがく 대학 入学にゅうがく 입학
훈독	まなぶ	学まなぶ 배우다

学 学 学 学 学 学 学 学

음독 예문

学校(がっこう)は 何時(なんじ)に 終(お)わりますか。 학교는 몇 시에 끝납니까?

学生時代(がくせいじだい)に ヨーロッパへ 行(い)った ことが ある。
학생 시절에 유럽에 간 적이 있다.

車(くるま)の 工場(こうじょう)を 見学(けんがく)した。 자동차 공장을 견학했다.

훈독 예문

大学(だいがく)で 経済学(けいざいがく)を 学(まな)ぶ。 대학에서 경제학을 배우다.

旅

나그네 **려**

총획 10획
부수 (方)

음독	りょ	旅館りょかん 여관	旅行りょこう 여행
훈독	たび	旅たび 여행	旅先たびさき 여행지

음독 예문

旅館(りょかん)に 泊(と)まる。
여관에 묵다.

家族(かぞく)で 旅行(りょこう)します。
가족이 함께 여행합니다.

훈독 예문

自分探(じぶんさが)しの 旅(たび)に 出(で)たい。
자신을 찾는 여행에 나서고 싶다.

族

겨레 **족**

총획 11획
부수 (方)

음독	ぞく	家族かぞく 가족 水族館すいぞくかん 수족관	貴族きぞく 귀족 民族みんぞく 민족
훈독	―		

음독 예문

家族(かぞく) そろって 食事(しょくじ)します。
가족이 함께 식사합니다.

今日(きょう)、子供連(こどもづ)れで 水族館(すいぞくかん)に 行(い)って きました。
오늘 아이를 데리고 수족관에 다녀왔습니다.

中国(ちゅうごく)の 少数民族(しょうすうみんぞく)に ついて 調(しら)べて いる。
중국의 소수 민족에 관해 조사하고 있다.

妹

누이동생 **매**

妹

총획 8획
부수 (女)

음독	まい	弟妹ていまい 남동생과 여동생
훈독	いもうと	妹いもうと 여동생

妹 妹 妹 妹 妹 妹 妹 妹

훈독 예문

妹(いもうと)は 小学校(しょうがっこう)に 通(かよ)って います。
여동생은 초등학교에 다니고 있어요.

明日(あした)は 妹(いもうと)の 誕生日(たんじょうび)です。
내일은 여동생 생일이에요.

姉

누이 **자**

姉

총획 8획
부수 (女)

음독	し	姉妹しまい 자매
훈독	あね	姉あね 언니, 누나
특이한 읽기	お姉ねえさん 언니, 누나	

姉 姉 姉 姉 姉 姉 姉 姉

음독 예문

すごく 仲(なか)の よい 姉妹(しまい)です。 매우 사이가 좋은 자매입니다.

훈독 예문

私(わたし)には 姉(あね)と 妹(いもうと)が いる。 나에게는 언니와 여동생이 있다.

특이한 읽기 예문

山田(やまだ)さんの お姉(ねえ)さんは 結婚(けっこん)して いますか。
야마다 씨 누나는 결혼했습니까?

林

수풀 **림**

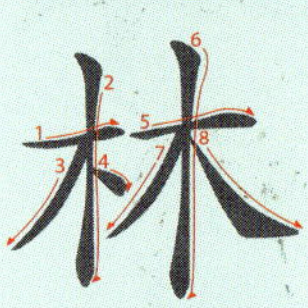

총획 8획
부수 (木)

음독	りん	林業りんぎょう 임업　　林立りんりつ 숲의 나무처럼 죽 늘어섬 森林しんりん 삼림
훈독	はやし	林はやし 숲

음독 예문

父(ちち)が 個人(こじん)で 林業(りんぎょう)を 営(いとな)んで います。 아버지가 개인으로 임업을 경영하고 있습니다.

都心(としん)に 高層(こうそう)ビルが 林立(りんりつ)して います。 도심에 고층 빌딩이 죽 늘어서 있습니다.

森林(しんりん)に 住(す)む 動物(どうぶつ) 삼림에 사는 동물

훈독 예문

林(はやし)の 中(なか)の 細(ほそ)い 道(みち)を 歩(ある)く。
숲 속의 좁은 길을 걷다.

森

나무빽빽할 **삼**

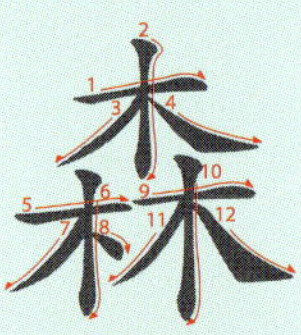

총획 12획
부수 (木)

음독	しん	森林浴しんりんよく 삼림욕
훈독	もり	森もり 무성한 숲

음독 예문

樹木園(じゅもくえん)で 森林浴(しんりんよく)を 楽(たの)しむ。
수목원에서 삼림욕을 즐기다.

훈독 예문

森(もり)の 中(なか)で りすに 出会(であ)った。
숲 속에서 다람쥐를 만났다.

연습문제

정답 p.187

I 다음 한자어의 바른 읽기를 골라 보세요.

1 太る　　わたる　ふとる

2 旅行　　よこう　りょこう

3 お姉さん　　おにいさん　おねえさん

4 妹　　いもうと　おとうと

5 学ぶ　　えらぶ　まなぶ

II 다음 보기에서 알맞은 한자를 골라 어휘를 완성해 보세요.

보기	族	林	太	字	学

1 태양 たいよう　[ ] 陽

2 한자 かんじ　漢 [ ]

3 대학 だいがく　大 [ ]

4 임업 りんぎょう　[ ] 業

5 민족 みんぞく　民 [ ]

III 밑줄 친 한자어의 읽는 법을 보기에서 찾아서 히라가나로 써넣어 보세요.

보기				
	あね	いぬ	かぞく	もり
	がくせい	りょかん	ふと	じ

1 旅館に とまる。
( )

2 姉は 今(いま) 大学生(だいがくせい)です。
( )

3 森の 中(なか)で りすに 出会(であ)った。
( )

4 犬と 散歩(さんぽ)する。
( )

5 日本語科(にほんごか)は、女子(じょし)学生の ほうが 男子(だんし)学生より 多(おお)い。
( ) ( )

6 字を 書(か)く。
( )

7 太い パイプ
( )

8 家族は 何人(なんにん)ですか。
( )

쉬어 가기

• 날짜 한자를 읽어 볼까요?

월(月)

一月 いちがつ 1월	二月 にがつ 2월	三月 さんがつ 3월	四月 しがつ 4월	五月 ごがつ 5월	六月 ろくがつ 6월
七月 しちがつ 7월	八月 はちがつ 8월	九月 くがつ 9월	十月 じゅうがつ 10월	十一月 じゅういちがつ 11월	十二月 じゅうにがつ 12월

일(日)

一日 ついたち 1일	二日 ふつか 2일	三日 みっか 3일	四日 よっか 4일	五日 いつか 5일	六日 むいか 6일
七日 なのか 7일	八日 ようか 8일	九日 ここのか 9일	十日 とおか 10일	十一日 じゅういちにち 11일	十二日 じゅうににち 12일
十三日 じゅうさんにち 13일	十四日 じゅうよっか 14일	十五日 じゅうごにち 15일	十六日 じゅうろくにち 16일	十七日 じゅうしちにち 17일	十八日 じゅうはちにち 18일
十九日 じゅうくにち 19일	二十日 はつか 20일	二十一日 にじゅういちにち 21일	二十二日 にじゅうににち 22일	二十三日 にじゅうさんにち 23일	二十四日 にじゅうよっか 24일
二十五日 にじゅうごにち 25일	二十六日 にじゅうろくにち 26일	二十七日 にじゅうしちにち 27일	二十八日 にじゅうはちにち 28일	二十九日 にじゅうくにち 29일	三十日 さんじゅうにち 30일
三十一日 さんじゅういちにち 31일					

정답 p.187

확인문제 2

다음 날짜를 나타내는 한자를 히라가나로 써 보세요.

1 四月 ______________________

2 七月 ______________________

3 九月 ______________________

4 十二月 ______________________

5 二十日 ______________________

6 十日 ______________________

7 一日 ______________________

8 二日 ______________________

9 四日 ______________________

10 八日 ______________________

11 十四日 ______________________

12 二十四日 ______________________

13 三日 ______________________

14 五日 ______________________

15 七日 ______________________

16 九日 ______________________

17 六日 ______________________

18 十九日 ______________________

19 十七日 ______________________

20 三十日 ______________________

07 과

모양이 비슷한 글자2

動

働

門

問

住

注

待

特

池

地

PART 1

動

움직일 **동**

총획 ⑪획
부수 (力)

음독	どう	動物どうぶつ 동물	
		活動かつどう 활동	感動かんどう 감동
훈독	うごく	動うごく 움직이다	動うごき出だす 움직이기 시작하다

음독 예문

動物(どうぶつ)が 好(す)きで、やさしい 人(ひと)なら、だれでも いいんです。
동물을 좋아하고 자상한 사람이라면 누구라도 좋습니다.

言葉(ことば)に ならないほど、感動(かんどう)しました。
말로 다하지 못할 정도로 감동했습니다.

훈독 예문

友達(ともだち)の 話(はなし)を 聞(き)いて、心(こころ)が 動(うご)いた。
친구의 이야기를 듣고 마음이 움직였다.

※우리 말에는 없는 일본식 한자입니다.

働

国 字

총획 ⑬획
부수 (亻)

음독	どう	労働ろうどう 노동	
훈독	はたらく	働はたらく 일하다	共働ともばたらき 맞벌이

음독 예문

労働(ろうどう)の 大切(たいせつ)さを 学(まな)びました。
노동의 소중함을 배웠습니다.

훈독 예문

母(はは)は パートで 働(はたら)いて いる。
엄마는 파트 타임으로 일하고 있다.

共働(ともばたら)きの 家庭(かてい)が 増(ふ)えて いる。
맞벌이 가정이 늘어나고 있다.

門

문 **문**

총획 8획
부수 (門)

음독	もん	校門こうもん 교문　正門せいもん 정문 専門せんもん 전문
훈독	かど	門出かどで 집을 나섬, 새출발 門松かどまつ 새해에 문앞에 세우는 소나무 장식

음독 예문

学校(がっこう)の 正門(せいもん)から 入(はい)る。
학교 정문으로 들어가다.

マーケティングを 専門(せんもん)に する。
마케팅을 전문으로 하다.

훈독 예문

お正月(しょうがつ)に 門松(かどまつ)を かざる。
정월에 소나무 장식을 장식하다.

問

물을 **문**

총획 11획
부수 (口)

음독	もん	問題もんだい 문제 学問がくもん 학문　訪問ほうもん 방문
훈독	とう	問とう 묻다, 따지다
	とん	問屋とんや 도매상

음독 예문

大(おお)きな 社会(しゃかい)の 問題(もんだい)に なって いる。
커다란 사회 문제가 되고 있다.

明日(あした)は 家庭訪問(かていほうもん)の 日(ひ)です。
내일은 가정 방문의 날입니다.

住

살 **주**

住

총획 7획
부수 (亻)

음독	じゅう	住所じゅうしょ 주소	住民じゅうみん 주민
훈독	すまう すむ	住すまい 거주지	住すむ 살다, 거주하다

住住住住住住住

음독 예문

住所と 名前を 書いて ください。
주소와 이름을 써 주세요.

およそ 五百人の 住民が 集まった。
대략 5백 명의 주민이 모였다.

훈독 예문

お住まいは どちらですか。 사시는 곳은 어디입니까?

私は 東京に 住んで います。 저는 도쿄에 살고 있어요.

注

물댈 **주**

注

총획 8획
부수 (氵)

음독	ちゅう	注意ちゅうい 주의 注文ちゅうもん 주문	注目ちゅうもく 주목
훈독	そそぐ	注そそぐ 액체를 따르다	

注注注注注注注注

음독 예문

遅刻しない ように、先生に 注意された。
지각하지 않도록 선생님에게 주의를 받았다.

彼は 最近 注目されて いる シンガーソングライターです。
그는 최근 주목받고 있는 싱어송라이터입니다.

インターネットで 注文した 本が 届いた。
인터넷으로 주문한 책이 도착했다.

훈독 예문

コップに 水を 注ぐ。 컵에 물을 따르다.

待

기다릴 **대**

待

총획 9획
부수 (彳)

음독	たい	待遇たいぐう 대우	
		招待しょうたい 초대	接待せったい 접대
훈독	まつ	待まつ 기다리다	待合室まちあいしつ 대기실, 대합실

待 待 待 待 待 待 待 待 待

음독 예문

派遣社員(はけんしゃいん)の 待遇(たいぐう)を 改善(かいぜん)する。
파견 사원의 대우를 개선하다.

友達(ともだち)の 結婚式(けっこんしき)に 招待(しょうたい)されました。
친구의 결혼식에 초대받았어요.

훈독 예문

ちょっと 待(ま)って ください。
잠시만 기다려 주세요.

特

특별할 **특**

特

총획 10획
부수 (牛)

음독	とく	特とくに 특히	特技とくぎ 특기
		特急とっきゅう 특급	特別とくべつ 특별
훈독	―		

特 特 特 特 特 特 特 特 特 特

음독 예문

特(とく)に 発音(はつおん)に 気(き)をつけて ください。
특히 발음에 주의해 주세요.

特技(とくぎ)は ピアノ 演奏(えんそう)です。
특기는 피아노 연주입니다.

今日(きょう)は、私(わたし)に とって、特別(とくべつ)な 日(ひ)に なりました。
오늘은 저에게 있어서 특별한 날이 되었습니다.

池

연못 **지**

총획 6획
부수 (氵)

음독	ち	貯水池ちょすいち 저수지　電池でんち 전지
훈독	いけ	池いけ 연못 古池ふるいけ 오랜 연못

池 池 池 池 池 池

음독 예문

デジカメの 電池(でんち)を とりかえる。
디지털카메라의 전지를 교환하다.

훈독 예문

庭(にわ)の 池(いけ)に こいが いる。
정원 연못에 잉어가 있다.

古池(ふるいけ)や 蛙(かわず) 飛込(とびこ)む 水(みず)の 音(おと) (松尾芭蕉(まつおばしょう)의 和歌(わか))
오래된 연못 개구리 뛰어드는 못의 물소리 (和歌 : 5 · 7 · 5조의 짧은 시)

地

땅 **지**

총획 6획
부수 (土)

음독	ち	地位ちい 지위 地理ちり 지리	地域ちいき 지역
	じ	地獄じごく 지옥 地味じみ 수수함	地震じしん 지진 地道じみち 착실함
훈독	―		

地 地 地 地 地 地

음독 예문

ガソリンの 価格(かかく)は 地域(ちいき)に よって 違(ちが)う。
휘발유 가격은 지역에 따라 다르다.

最近(さいきん)、大(おお)きな 地震(じしん)が 多(おお)いですね。
최근 큰 지진이 많네요.

地味(じみ)な 服(ふく)を 着(き)る。
수수한 옷을 입다.

父(ちち)は 家族(かぞく)の ために、地道(じみち)に 働(はたら)いて いる。
아버지는 가족을 위해서 착실하게 일하고 있다.

연습문제

정답 p.187

I 다음 한자어의 바른 읽기를 골라 보세요.

1 地震 じしん ちしん

2 働く おどろく はたらく

3 注文 じゅうもん ちゅうもん

4 問題 もんだい ぶんだい

5 特別 とくべつ どくべつ

II 다음 보기에서 알맞은 한자를 골라 어휘를 완성해 보세요.

보기	問	待	地	動	門

1 지역 ちいき □域

2 학문 がくもん 学□

3 초대 しょうたい 招□

4 전문 せんもん 専□

5 동물 どうぶつ □物

III 밑줄 친 한자어의 읽는 법을 보기에서 찾아서 히라가나로 써넣어 보세요.

보기	うご	じゅうしょ	ま	とく
	じみ	いけ	す	ちゅうもく

1 動かないで ください。
( )

2 特に すいかが 好(す)きです。
( )

3 いくら 待っても バスが 来(こ)ない。
( )

4 住所と 名前(なまえ)を 書(か)いて ください。
( )

5 池で 釣(つ)りをする。
( )

6 お住まいは どちらですか。
( )

7 注目を 集(あつ)めている。
( )

8 地味な 色(いろ)
( )

08과

음독이 같은 글자1

開
回
健
験
新
真
写
者
送
早

PART 1

開

열 **개**

총획 12획
부수 (門)

음독	かい	開会かいかい 개회 開始かいし 개시 開発かいはつ 개발	開業かいぎょう 개업 開店かいてん 개점
		公開こうかい 공개	展開てんかい 전개
훈독	あく あける	開あく 열리다, 문을 열다	開あける (닫힌 것을) 열다, 펴다
	ひらく	開ひらく (대회, 경기를) 열다	

음독 예문

ネットショップを 開業(かいぎょう)します。 인터넷 쇼핑몰을 개업합니다.

훈독 예문

暑(あつ)かったら、窓(まど)を 開(あ)けて ください。 더우면 창문을 열어 주세요.

国会(こっかい)が 開(ひら)かれて いる。 국회가 열리고 있다.

回

돌아올 **회**

총획 6획
부수 (口)

음독	かい	回答かいとう 회답	
		一回いっかい 한번 挽回ばんかい 만회	何回なんかい 몇 번
훈독	まわる まわす	回まわる 돌다	回まわす 돌리다

음독 예문

A お酒(さけ)は 月(つき)に 何回(なんかい)ぐらい 飲(の)みますか。 술은 한 달에 몇 번 정도 마시나요?

B 一回(いっかい)ぐらい 飲(の)みます。 한 번 정도 마십니다.

훈독 예문

目(め)が 回(まわ)るほど 忙(いそが)しいです。 눈코 뜰 새 없이 바쁩니다.

腰(こし)を ぐるぐる 回(まわ)す。 허리를 빙글빙글 돌리다.

建

세울 **건**

총획 9획
부수 (廴)

음독	けん	建国けんこく 건국 / 建設けんせつ 건설 / 建築けんちく 건축
	こん	建立こんりゅう (절 등을) 건립
훈독	たつ / たてる	建てる (건물을) 짓다, 세우다 / ~建だて ~층 건물 / 建前たてまえ (겉으로 내세우는) 방침, 원칙 / 建物たてもの 건물

음독 예문

2月(がつ)11日(にち)は 日本(にほん)の 建国記念日(けんこくきねんび)です。 2월 11일은 일본의 건국기념일입니다.

法隆寺(ほうりゅうじ)は 世界最古(せかいさいこ)の 木造建築(もくぞうけんちく)と 言(い)われて いる。
호류지는 세계에서 가장 오래된 목조 건물로 일컬어지고 있다.

훈독 예문

新築(しんちく)で 一戸建(いっこだ)てを 建(た)てる 予定(よてい)です。 신축으로 1층 집을 지을 예정입니다.

本音(ほんね)と 建前(たてまえ) 본심과 의례적인 마음

験

시험 **험**

총획 18획
부수 (馬)

음독	けん	経験けいけん 경험 / 試験しけん 시험 / 実験じっけん 실험 / 体験たいけん 체험
훈독	―	

음독 예문

いろいろな ことを 経験(けいけん)してきた。
여러 가지 일을 경험해 왔다.

来週(らいしゅう)、日本語(にほんご)の 試験(しけん)が あります。
다음 주에 일본어 시험이 있어요.

学校(がっこう)で 科学(かがく)の 実験(じっけん)を しました。
학교에서 과학 실험을 했습니다.

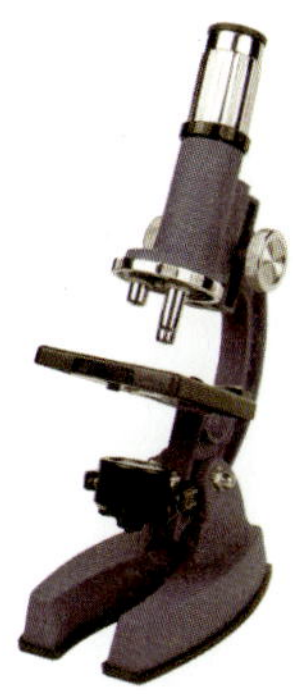

新

새로울 **신**

총획 13획
부수 (斤)

음독	しん	新人 しんじん 신인 新品 しんぴん 신품	新年 しんねん 신년 新聞 しんぶん 신문
훈독	あたらしい	新あたらしい 새롭다	

음독 예문

新人(しんじん)の 作品(さくひん)を 読(よ)むのに はまって いる。
신인의 작품을 읽는 데 빠져 있다.

新年(しんねん) 明(あ)けまして おめでとうございます。
새해 복 많이 받으세요.

今朝(けさ)、新聞(しんぶん)を 読(よ)みましたか。
오늘 아침, 신문을 읽었나요?

훈독 예문

新(あたら)しい かばんを 買(か)いたい。 새 가방을 사고 싶다.

真

참 **진**

총획 10획
부수 (目)

음독	しん	真意 しんい 진의	真実 しんじつ 진실
훈독	ま	真っ赤だ まっかだ 새빨갛다 真ん中 まんなか 한가운데	真っ青だ まっさおだ 새파랗다

음독 예문

真実(しんじつ)を 知(し)りたい。 진실을 알고 싶다.

훈독 예문

木村(きむら)さんは 真(ま)っ赤(か)な 衣装(いしょう)で 登場(とうじょう)した。
기무라 씨는 새빨간 의상으로 등장했다.

真(ま)っ青(さお)な 空(そら)が 広(ひろ)がる。
새파란 하늘이 펼쳐지다.

道(みち)の 真(ま)ん中(なか)で 遊(あそ)ぶのは 危(あぶ)ないです。
길 한가운데에서 노는 것은 위험합니다.

写

베낄 사

총획 5획
부수 (冖)

음독	しゃ	写真しゃしん 사진 / 写生しゃせい 사생 / 試写会ししゃかい 시사회
훈독	うつる うつす	写うつる (사진에) 찍히다 / 写うつす 베끼다, 사진을 찍다

写 写 写 写 写

음독 예문

昨日(きのう)、校内(こうない) 写生大会(しゃせいたいかい)が 行(おこな)われた。

어제, 교내 사생 대회가 열렸다.

友達(ともだち)と 映画(えいが)の 試写会(ししゃかい)に 行(い)きました。

친구와 영화 시사회에 갔어요.

훈독 예문

先生(せんせい)が 黒板(こくばん)に 書(か)いた ことを ノートに 写(うつ)した。

선생님이 칠판에 쓴 것을 노트에 옮겨 적었다.

者

놈 자

총획 8획
부수 (耂)

음독	しゃ	医者いしゃ 의사 / 学者がくしゃ 학자 / 記者きしゃ 기자 / 読者どくしゃ 독자 / 患者かんじゃ 환자
훈독	もの	者もの 자, 사람 / 若者わかもの 젊은이

者 者 者 者 者 者 者 者

음독 예문

風邪(かぜ)を 引(ひ)いたので、医者(いしゃ)に みて もらった。

감기에 걸려서 의사에게 진찰을 받았다.

記者会見(きしゃかいけん)を 行(おこな)う。

기자 회견을 행하다.

훈독 예문

若者(わかもの)の 言葉(ことば)は 全然(ぜんぜん) 分(わ)かりません。

젊은이의 말은 전혀 모르겠어요.

送

보낼 송

총획 9획
부수 (辶)

음독	そう	送金そうきん 송금	送料そうりょう 송료
		運送うんそう 운송	発送はっそう 발송
훈독	おくる	送おくる 보내다	

送 送 送 送 送 送 送 送 送

음독 예문

毎月(まいつき)、息子(むすこ)に 送金(そうきん)します。
매월 아들에게 송금합니다.

ご注文(ちゅうもん)の 品(しな)は、2、3日(にち)で 発送(はっそう)いたします。
주문하신 물건은 2, 3일 내에 발송해 드립니다.

훈독 예문

寝(ね)る 前(まえ)に、友達(ともだち)に メールを 送(おく)った。
자기 전에 친구에게 메일을 보냈다.

早

이를 조

총획 6획
부수 (日)

음독	そう	早期そうき 조기	早退そうたい 조퇴
	さっ	早速さっそく 즉시	
훈독	はやい	早はやい 이르다	早はやく 빨리, 일찍
		早口はやくち 말을 빨리 함	早足はやあし 발이 빠름

早 早 早 早 早 早

음독 예문

お腹(なか)が 痛(いた)くて、早退(そうたい)した。
배가 아파서 조퇴했다.

早速(さっそく)、断(ことわ)りの 電話(でんわ)を かけました。
즉시 거절 전화를 걸었습니다.

훈독 예문

いつもより 一時間(いちじかん) 早(はや)く 帰(かえ)って きた。
여느 때보다 1시간 빨리 돌아왔다.

연습문제

정답 p.188

I 다음 한자어의 바른 읽기를 골라 보세요.

1 建物 たてもの けんもの

2 一回 いっこ いっかい

3 写す こわす うつす

4 開ける あける うける

5 早い おそい はやい

II 다음 보기에서 알맞은 한자를 골라 어휘를 완성해 보세요.

보기	開	新	回	験	建

1 몇 번 なんかい 何 □

2 새해 しんねん □ 年

3 시험 しけん 試 □

4 건국 けんこく □ 国

5 개업 かいぎょう □ 業

III 밑줄 친 한자어의 읽는 법을 보기에서 찾아서 히라가나로 써넣어 보세요.

보기				
	はや	わかもの	た	ひら
	おく	しゃしん	いしゃ	あたら

1 写真を 撮(と)る。
(　　　　)

2 朝(あさ) 早く 起(お)きる。
(　　　　)

3 新しい かばんを 買(か)った。
(　　　　)

4 クラス会(かい)を 開く。
(　　　　)

5 各国(かっこく)の 若者が 意見(いけん)を 交(か)わす。
(　　　　)

6 家(いえ)を 建てる。
(　　　　)

7 メールを 送る。
(　　　　)

8 医者に 見(み)てもらう。
(　　　　)

09과

음독이 같은 글자2

究

急

始

止

事

自

習

終

同

堂

PART 1

究

궁구할 **구**

究

총획 7획
부수 (穴)

음독	きゅう	究極きゅうきょく 궁극　究明きゅうめい 규명 研究会けんきゅうかい 연구회
훈독	きわめる	究きわめる 깊이 연구하다, 규명하다

究 究 究 究 究 究 究

음독 예문

人生(じんせい)の 究極(きゅうきょく)の 目的(もくてき)は 幸(しあわ)せに なる ことです。
인생의 궁극적인 목적은 행복해지는 것입니다.

事件(じけん)の 真相(しんそう)を 究明(きゅうめい)した。
사건의 진상을 규명했다.

急

급할 **급**

急

총획 9획
부수 (心)

음독	きゅう	急きゅうに 갑자기　急行きゅうこう 급행 急速きゅうそく 급속
훈독	いそぐ	急いそぐ 서두르다

急 急 急 急 急 急 急 急 急

음독 예문

母(はは)が 急(きゅう)に 記憶(きおく)を 無(な)くしました。
엄마가 갑자기 기억을 잃어버렸습니다.

一番(いちばん)の 乗(の)り場(ば)から、東京行(とうきょうゆ)きの 急行列車(きゅうこうれっしゃ)が 発車(はっしゃ)します。
1번 승차장에서 도쿄행 급행열차가 발차합니다.

훈독 예문

時間(じかん)が ありません。急(いそ)いで ください。
시간이 없어요. 서둘러 주세요.

始

시작할 **시**

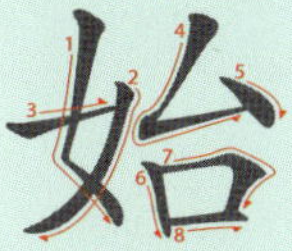

총획 8획
부수 (女)

음독	し	始発しはつ 시발	
		原始げんし 원시 年始ねんし 연시	終始しゅうし 시종, 줄곧
훈독	はじまる はじめる	始はじまる 시작되다	始はじめる 시작하다

음독 예문

急(いそ)いでも 始発電車(しはつでんしゃ)に 間(ま)に合(あ)わないよ。
서둘러도 첫 번째 전철 시간에 맞추지 못 할 거야.

田中(たなか)さんは 終始(しゅうし) 明(あか)るい 表情(ひょうじょう)だった。 다나카 씨는 줄곧 밝은 표정이었다.

훈독 예문

学校(がっこう)は 九時(くじ)に 始(はじ)まる。 학교는 9시에 시작된다.

今週(こんしゅう)から、水泳(すいえい)を 始(はじ)めました。 이번 주부터 수영을 시작했습니다.

止

그칠 **지**

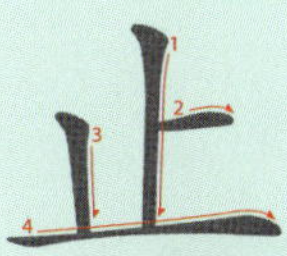

총획 4획
부수 (止)

음독	し	禁止きんし 금지 防止ぼうし 방지	中止ちゅうし 중지
훈독	とまる とめる	止とまる 서다	止とめる 세우다

음독 예문

飲酒(いんしゅ)を 全面禁止(ぜんめんきんし)する。
음주를 전면 금지하다.

明日(あした) 雨(あめ)だったら、運動会(うんどうかい)は 中止(ちゅうし)します。
내일 비가 온다면 운동회는 중지합니다.

훈독 예문

この 電車(でんしゃ)は 仙台(せんだい)に 止(と)まります。 이 전철은 센다이에 정차합니다.

ここに 車(くるま)を 止(と)めても いいですか。 여기에 차를 세워도 되나요?

事

일 **사**

총획 8획
부수 (亅)

음독	じ	事件じけん 사건	事故じこ 사고
		火事かじ 화재, 불	行事ぎょうじ 행사
		工事こうじ 공사	食事しょくじ 식사
		大事だいじだ 중요하다	
훈독	こと	仕事しごと 일	

음독 예문

火事(かじ)に 気(き)をつけましょう。 화재를 조심합시다.

五月(ごがつ)は 行事(ぎょうじ)の 多(おお)い 月(つき)だ。 5월은 행사가 많은 달이다.

今日(きょう)は 外(そと)で 食事(しょくじ)を しましょう。 오늘은 밖에서 식사를 합시다.

훈독 예문

病気(びょうき)で 仕事(しごと)を 休(やす)んで いる。 병으로 일을 쉬고 있다.

自

스스로 **자**

총획 6획
부수 (自)

음독	し	自然しぜん 자연	
	じ	自信じしん 자신감	自分じぶん 자신
		独自どくじ 독자	
훈독	みずから	自みずから 스스로	

음독 예문

自信(じしん)を 持(も)って 頑張(がんば)りたい。
자신감을 갖고 노력하고 싶다.

自分(じぶん)の ことは 自分(じぶん)で しなさい。
자신의 일은 직접 하시오.

自然(しぜん)を 守(まも)る 活動(かつどう)を して いる。
자연을 지키는 활동을 하고 있다.

習
익힐 **습**

총획 11획
부수 (羽)

음독	しゅう	習慣しゅうかん 습관 学習がくしゅう 학습　自習じしゅう 자습 風習ふうしゅう 풍습
훈독	ならう	習ならう 배우다

음독 예문

あの 高校(こうこう)では、夕食(ゆうしょく) 後(ご)に 午後(ごご) 十時(じゅうじ)までの 自習(じしゅう)が 義務(ぎむ)づけられて います。
저 고등학교에서는 저녁 식사 후에 오후 10시까지의 자습이 의무화되어 있습니다.

冬至(とうじ)に カボチャを 食(た)べる 風習(ふうしゅう)が ある。
동지에 호박을 먹는 풍습이 있다.

훈독 예문

週(しゅう)に 三回(さんかい)、日本語(にほんご)を 習(なら)って いる。 일주일에 세 번, 일본어를 배우고 있다.

終
마칠 **종**

총획 11획
부수 (糸)

음독	しゅう	終業式しゅうぎょうしき 종업식　終点しゅうてん 종점 最終さいしゅう 최종
훈독	おわる おえる	終おわる 끝나다　終おえる 끝내다

음독 예문

二学期(にがっき)の 終業式(しゅうぎょうしき)が 行(おこな)われた。
2학기 종업식이 거행되었다.

バスは もうすぐ 終点(しゅうてん)に 着(つ)きます。
버스는 이제 곧 종점에 도착합니다.

훈독 예문

戦争(せんそう)が 終(お)わった。
전쟁이 끝났다.

同

한가지 **동**

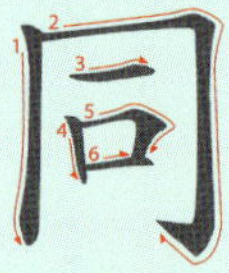

총획 6획
부수 (口)

음독	どう	同意どうい 동의　同感どうかん 동감 同級生どうきゅうせい 동급생
		一同いちどう 일동　共同きょうどう 공동
훈독	おなじ	同おなじ 같음

음독 예문

それに ついては 同感(どうかん)できません。 그것에 관해서는 동감할 수 없습니다.

久(ひさ)しぶりに 中学時代(ちゅうがくじだい)の 同級生(どうきゅうせい)に 会(あ)った。
오랜만에 중학생 시절 동급생을 만났다.

彼(かれ)と 共同(きょうどう)で 店(みせ)を 経営(けいえい)して いる。 그와 공동으로 가게를 경영하고 있다.

훈독 예문

父(ちち)は 長年(ながねん)、同(おな)じ 会社(かいしゃ)で 仕事(しごと)を して います。
아버지는 오랫동안 같은 회사에서 일을 하고 있습니다.

堂

집 **당**

총획 11획
부수 (土)

음독	どう	堂々どうどうと 당당히 講堂こうどう 강당　食堂しょくどう 식당
훈독	–	

음독 예문

自分(じぶん)の 意見(いけん)を 堂々(どうどう)と 述(の)べる。
자신의 의견을 당당하게 말하다.

入学式(にゅうがくしき)は 講堂(こうどう)で 行(おこな)われます。
입학식은 강당에서 거행됩니다.

デパートの 食堂(しょくどう)で 昼(ひる)ご飯(はん)を 食(た)べた。
백화점 식당에서 점심을 먹었다.

연습문제

정답 p.188

I 다음 한자어의 바른 읽기를 골라 보세요.

1 習う　　ならう　あらう

2 工事　　こうし　こうじ

3 急ぐ　　およぐ　いそぐ

4 始める　　はじめる　やめる

5 食堂　　しょくどう　しょくとう

II 다음 보기에서 알맞은 한자를 골라 어휘를 완성해 보세요.

보기	同	止	習	自	始

1 자신 じぶん　　[ ] 分

2 일동 いちどう　　一 [ ]

3 중지 ちゅうし　　中 [ ]

4 학습 がくしゅう　　学 [ ]

5 연시 ねんし　　年 [ ]

III 밑줄 친 한자어의 읽는 법을 보기에서 찾아서 히라가나로 써넣어 보세요.

보기	おな	お	と	じしん
	きゅう	どうどう	しごと	しょくじ

1 急に 友(とも)だちが いなくなった。
( )

2 私(わたし)たちは 年(とし)が 同じです。
( )

3 授業(じゅぎょう)が 終わる。
( )

4 車(くるま)を 止める。
( )

5 お仕事は 何(なん)ですか。
( )

6 一緒(いっしょ)に 食事を する。
( )

7 自信が ある。
( )

8 堂々と 戦(たたか)う。
( )

10과

특이한 읽기가 있는 글자

方
部
時
赤
田
朝
走
風
海
兄

PART 1

方

모 **방**

총획 4획
부수 (方)

음독	ほう	方向ほうこう 방향 一方いっぽう 한쪽　地方ちほう 지방　両方りょうほう 양쪽
훈독	かた	方かた 분 書かき方かた 쓰는 법
특이한 읽기	行方ゆくえ 행방	

方 方 方 方

음독 예문

学校(がっこう)は どの 方向(ほうこう)ですか。 학교는 어느 방향입니까?

この 地方(ちほう)の 名物(めいぶつ)は 何(なん)ですか。 이 지방의 명물은 무엇입니까?

훈독 예문

この 漢字(かんじ)の 書(か)き方(かた)を 教(おし)えて ください。 이 한자 쓰는 법을 가르쳐 주세요.

특이한 읽기 예문

行方不明(ゆくえふめい)に なる。 행방불명이 되다.

部

떼, 거느릴 **부**

총획 11획
부수 (阝)

음독	ぶ	部長ぶちょう 부장　部品ぶひん 부품　部分ぶぶん 부분 全部ぜんぶ 전부　営業部えいぎょうぶ 영업부
훈독	—	
특이한 읽기	部屋へや 방	

部 部 部 部 部 部 部 部 部 部 部

음독 예문

もしもし、山田(やまだ)部長(ぶちょう)は いらっしゃいますか。 여보세요, 야마다 부장님은 계십니까?

この 物語(ものがたり)は 三(みっ)つの 部分(ぶぶん)から なって いる。
이 이야기는 3개 부분으로 구성되어 있다.

営業部(えいぎょうぶ)の 安部(あべ)と 申(もう)しますが。 영업부의 아베라고 합니다만.

특이한 읽기 예문

自分(じぶん)の 部屋(へや)は 自分(じぶん)で 掃除(そうじ)しなさい。 자신의 방은 직접 청소하시오.

時

때 시

총획 10획
부수 (日)

음독	じ	時間じかん 시간	時代じだい 시대
		同時どうじ 동시	
훈독	とき	時とき 때	時々ときどき 가끔, 때때로
특이한 읽기	時計とけい 시계		

음독 예문

時間(じかん)を 大切(たいせつ)に しましょう。 시간을 소중히 여깁시다.

学生時代(がくせいじだい)が 思(おも)い出(だ)される。 학생 시절이 생각난다.

훈독 예문

A 暇(ひま)な 時(とき)は 何(なに)を しますか。 한가한 때는 무엇을 하나요?

B 時々(ときどき)、 映画(えいが)を 見(み)に 行(い)きます。 가끔 영화를 보러 갑니다.

특이한 읽기 예문

この 時計(とけい)は 昨日(きのう) 買(か)ったばかりの ものです。 이 시계는 어제 산 것입니다.

赤

붉을 적

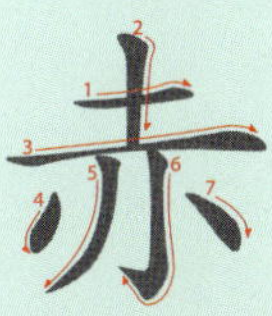

총획 7획
부수 (赤)

음독	せき	赤道せきどう 적도	赤十字せきじゅうじ 적십자
		赤飯せきはん 팥을 넣은 찰밥	
훈독	あか あかい	赤あかい 빨갛다	赤あかちゃん 아기
특이한 읽기	真まっ赤かだ 새빨갛다		

음독 예문

入学祝(にゅうがくいわ)いの 赤飯(せきはん)を 食(た)べた。 입학을 축하하는 팥을 둔 찰밥을 먹었다.

훈독 예문

バスの 中(なか)で、 赤(あか)ちゃんに 泣(な)かれてしまった。 버스 안에서 아기가 울어버렸다.

특이한 읽기 예문

顔(かお)が 真(ま)っ赤(か)だよ。熱(ねつ)が あるんじゃないの。 얼굴이 새빨개. 열이 있는 게 아니니?

田

밭 **전**

총획 5획
부수 (田)

음독	でん	田園でんえん 전원	
훈독	た	田たんぼ 논	田中たなか 다나카(인명)
특이한 읽기	田舎いなか 시골		

田 田 田 田 田

음독 예문

田園生活(でんえんせいかつ) 전원 생활

훈독 예문

田中(たなか)さんと いう 方(かた)を 知(し)って いますか。
다나카 씨라는 분을 알고 있습니까?

특이한 읽기 예문

夏休(なつやす)みには 家族(かぞく) みんなで 田舎(いなか)へ 行(い)きます。
여름 방학에는 가족 모두 시골에 갑니다.

朝

아침 **조**

총획 12획
부수 (月)

음독	ちょう	朝刊ちょうかん 조간	朝食ちょうしょく 조식
		早朝そうちょう 조조	
훈독	あさ	朝あさ 아침	朝あさご飯はん 아침밥
		朝飯前あさめしまえ 누워서 떡먹기	
		毎朝まいあさ 매일 아침	
특이한 읽기	今朝けさ 오늘 아침		

朝 朝 朝 朝 朝 朝 朝 朝 朝 朝 朝 朝

음독 예문

朝食(ちょうしょく)は たくさん 食(た)べましたか。 아침은 많이 드셨나요?

훈독 예문

病院(びょういん)は 朝(あさ) 十時(じゅうじ)からです。 병원은 아침 10시부터입니다.

そんな ことは 朝飯前(あさめしまえ)だ。 그런 것은 누워서 떡 먹기다.

특이한 읽기 예문

今朝(けさ)は 久(ひさ)しぶりに 天気(てんき)が いい。 오늘 아침은 오랜만에 날씨가 좋다.

走

달릴 주

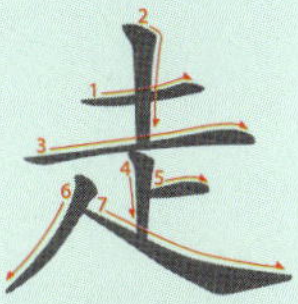

총획 7획
부수 (走)

음독	そう	走行そうこう 주행	走者そうしゃ 주자
		逃走とうそう 도주	力走りきそう 역주
훈독	はしる	走はしる 달리다	
특이한 읽기	師走しわす 음력 12월		

음독 예문

リレーの 第一走者(だいいちそうしゃ) 릴레이의 첫 번째 주자

犯人(はんにん)は 車(くるま)で 逃走(とうそう)した。범인은 차로 도주했다.

훈독 예문

山田(やまだ)さんは 走(はし)るのが 早(はや)い。야마다 씨는 달리는 것이 빠르다.

특이한 읽기 예문

師走(しわす)に なると 雪(ゆき)が たくさん 降(ふ)るでしょう。
12월이 되면 눈이 많이 내리겠지요.

風

바람 풍

총획 9획
부수 (風)

음독	ふう	風雨ふうう 비바람
	ふ	風呂ふろ 욕조
훈독	かぜ	風かぜ 바람
	かざ	風向かざむき 풍향
특이한 읽기	風邪かぜ 감기	

음독 예문

お風呂(ふろ)に 入(はい)ると、疲(つか)れが とれます。목욕을 하면 피곤이 풀립니다.

훈독 예문

風(かぜ)が 吹(ふ)いて いる。바람이 불고 있다.

특이한 읽기 예문

無理(むり)を して 風邪(かぜ)を ひいてしまった。무리를 해서 감기에 걸리고 말았다.

海

바다 **해**

총획 9획
부수 (氵)

음독	かい	海外かいがい 해외	海岸かいがん 해안
		海水浴かいすいよく 해수욕	
훈독	うみ	海うみ 바다	海辺うみべ 해변
특이한 읽기	海女あま 해녀		

음독 예문

最近(さいきん)、海外(かいがい)に 出(で)かける 機会(きかい)も 多(おお)くなりました。
최근 해외에 나갈 기회가 많아졌어요.

友達(ともだち)と 話(はな)しながら、海岸(かいがん)を 散歩(さんぽ)した。 친구와 이야기하면서 해안을 산책했다.

훈독 예문

日本(にほん)は 海(うみ)に 囲(かこ)まれて いる。 일본은 바다로 둘러싸여 있다.

특이한 읽기 예문

海(うみ)に 行(い)くと 海女(あま)に 会(あ)える。 바다에 가면 해녀를 만날 수 있다.

兄

맏 **형**

총획 5획
부수 (儿)

음독	きょう	兄弟きょうだい 형제
	けい	義兄ぎけい 손위 처남, 형부
훈독	あに	兄あに 형, 오빠
특이한 읽기	お兄にいさん 오빠, 형	

음독 예문

私(わたし)は 五人兄弟(ごにんきょうだい)の 末(すえ)っ子(こ)です。 저는 5형제 중 막내입니다.

훈독 예문

私(わたし)には 兄(あに)が 一人(ひとり) います。 저에게는 형이 한 명 있어요.

특이한 읽기 예문

あなたは お兄(にい)さんと 何才(なんさい) 違(ちが)いですか。 당신은 형과 몇 살 차이입니까?

연습문제

정답 p.188

I 다음 한자어의 바른 읽기를 골라 보세요.

1 赤い　あかい　あおい

2 部長　ぼちょう　ぶちょう

3 今朝　こんちょう　けさ

4 お兄さん　おにいさん　おねえさん

5 走る　はしる　かえる

II 다음 보기에서 알맞은 한자를 골라 어휘를 완성해 보세요.

보기	部	兄	風	海	時

1 시계 とけい　□ 計

2 해외 かいがい　□ 外

3 비바람 ふうう　□ 雨

4 형제 きょうだい　□ 弟

5 방 へや　□ 屋

III 밑줄 친 한자어의 읽는 법을 보기에서 찾아서 히라가나로 써넣어 보세요.

보기				
	あに	じかん	あさ	うみ
	かぜ	いなか	かた	ぜんぶ

1 お父(とう)さんの 田舎は 福岡県(ふくおかけん)です。

( )

2 私(わたし)には 兄が 二人(ふたり) います。

( )

3 遊(あそ)ぶ 時間が ない。

( )

4 朝から 夜(よる)まで 働(はたら)いています。

( )

5 風が 吹(ふ)く。

( )

6 あの方は どなたですか。

( )

7 海で 泳(およ)ぐ。

( )

8 全部で いくらですか。

( )

쉬어 가기

• 시간과 분에 관한 한자를 읽어 볼까요?

시간(時間)

一時 いちじ 1시	二時 にじ 2시	三時 さんじ 3시	四時 よじ 4시
五時 ごじ 5시	六時 ろくじ 6시	七時 しちじ 7시	八時 はちじ 8시
九時 くじ 9시	十時 じゅうじ 10시	十一時 じゅういちじ 11시	十二時 じゅうにじ 12시
何時 なんじ 몇 시			

분(分)

一分 いっぷん 1분	二分 にふん 2분	三分 さんぷん 3분	四分 よんぷん 4분
五分 ごふん 5분	六分 ろっぷん 6분	七分 ななふん 7분	八分 はっぷん 8분
九分 きゅうふん 9분	十分 じゅっぷん 10분	二十分 にじゅっぷん 20분	三十分 / 半 さんじゅっぷん / はん 30분 / 반
四十分 よんじゅっぷん 40분	五十分 ごじゅっぷん 50분	何分 なんぷん 몇 분	

! 탁음과 반탁음에 주의하세요.

정답 p.188

확인문제 3

다음의 시분을 읽어 히라가나로 써 보세요.

1 四時 (　　　　　　　　)
2 七時 (　　　　　　　　)
3 九時 (　　　　　　　　)
4 十二時 (　　　　　　　　)
5 五分 (　　　　　　　　)
6 十分 (　　　　　　　　)
7 一分 (　　　　　　　　)
8 四分 (　　　　　　　　)
9 六分 (　　　　　　　　)
10 八分 (　　　　　　　　)
11 九分 (　　　　　　　　)
12 三分 (　　　　　　　　)
13 二分 (　　　　　　　　)
14 七分 (　　　　　　　　)
15 半 (　　　　　　　　)
16 十五分 (　　　　　　　　)
17 二十分 (　　　　　　　　)
18 三十分 (　　　　　　　　)
19 四十分 (　　　　　　　　)
20 五十五分 (　　　　　　　　)
21 一時 十分 (　　　　　　　　)
22 五時 三十分 (　　　　　　　　)
23 十一時 四十分 (　　　　　　　　)
24 七時 七分 (　　　　　　　　)
25 五時 十五分 (　　　　　　　　)

11과

음독이 1개인 글자

可

看

科

結

難

断

当

席

宅

閉

PART 2

可

옳을 **가**

총획 5획
부수 (口)

음독	か	可決かけつ 가결	可能かのう 가능
		許可きょか 허가	認可にんか 인가
훈독	–		

可 可 可 可 可

음독 예문

国会(こっかい)で 法案(ほうあん)が 可決(かけつ)されました。
국회에서 법안이 가결되었습니다.

実現(じつげん)の 可能性(かのうせい)が 高(たか)い。
실현 가능성이 높다.

許可(きょか)された 場所(ばしょ) 以外(いがい)での 喫煙(きつえん)は 止(や)めましょう。
허가된 장소 이외에서 흡연은 하지 맙시다.

看

볼 **간**

총획 9획
부수 (目)

음독	かん	看過かんか 간과	看護かんご 간호
		看板かんばん 간판	看病かんびょう 간병
훈독	–		

看 看 看 看 看 看 看 看 看

음독 예문

看過(かんか)できない 問題(もんだい)です。
간과할 수 없는 문제입니다.

今年(ことし)から 看護学校(かんごがっこう)に 通(かよ)い始(はじ)めた。
올해부터 간호학교에 다니기 시작했다.

看板(かんばん)には 「朝日(あさひ)ホテル」と 書(か)いて あった。
간판에는 「아사히호텔」이라고 적혀 있었다.

母(はは)は 寝(ね)ずに 看病(かんびょう)して くれた。
엄마는 자지 않고 간병해 주었다.

科

과목 **과**

科

총획 9획
부수 (禾)

음독	か	科学かがく 과학	科目かもく 과목
		学科がっか 학과	外科げか 외과
		内科ないか 내과	理科りか 이과
훈독	ー		

科 科 科 科 科 科 科 科 科

음독 예문

好(す)きな 科目(かもく)は 日本語(にほんご)です。
좋아하는 과목은 일본어입니다.

教師(きょうし)に なる ためには、どの 学科(がっか)に 入(はい)れば いいんでしょうか。
교사가 되기 위해서는 어느 학과에 들어가면 좋을까요?

胃(い)が 痛(いた)くて 内科(ないか)に 行(い)って きた。
위가 아파서 내과에 다녀왔다.

結

맺을 **결**

結

총획 12획
부수 (糸)

음독	けつ	結局けっきょく 결국	結成けっせい 결성
		結末けつまつ 결말	結論けつろん 결론
훈독	むすぶ	結むすぶ 맺다	
	ゆう	結ゆう 머리를 따다	

結 結 結 結 結 結 結 結 結 結 結 結

음독 예문

いろいろ 努力(どりょく)したが、結局(けっきょく)、だめだった。
여러 가지 노력을 했지만 결국 안 되었다.

結論(けつろん)が まだ 出(で)て いない。 결론이 아직 나오지 않고 있다.

훈독 예문

くつの ひもを 結(むす)ぶ。 구두의 끈을 묶다.

毎朝(まいあさ)、母(はは)に 髪(かみ)を 結(ゆ)って もらう。 매일 아침 엄마가 머리를 따 준다.

難

어려울 **난**

총획 18획
부수 (隹)

음독	なん	困難こんなん 곤란 / 災難さいなん 재난 / 非難ひなん 비난
훈독	かたい	～難がたい ～기 어렵다
	むずかしい	難むずかしい 어렵다

음독 예문

一人(ひとり)で マネジメントする のは 困難(こんなん)である。
혼자서 매니지먼트 하는 일은 힘들다.

思(おも)わぬ 災難(さいなん)が 起(お)こる。생각지 못한 재난이 일어나다.

非難(ひなん)の 声(こえ)が 強(つよ)まって いる。비난의 소리가 강해지고 있다.

훈독 예문

漢字(かんじ)の 読(よ)み方(かた)は 難(むずか)しいですね。한자 읽기는 어렵네요.

断

끊을 **단**

총획 11획
부수 (斤)

음독	だん	断言だんげん 단언 / 断行だんこう 단행 / 断水だんすい 단수 / 断念だんねん 단념
		横断おうだん 횡단 / 判断はんだん 판단 / 油断ゆだん 방심
훈독	ことわる	断ことわる 거절하다
	たつ	断たつ 자르다, 끊다

음독 예문

横断歩道(おうだんほどう)を 渡(わた)る。횡단보도를 건너다.

あなたの 判断(はんだん)に まかせます。당신의 판단에 맡기겠습니다.

油断(ゆだん)すると、川(かわ)に 落(お)ちるよ。방심하면 강에 떨어져.

훈독 예문

友達(ともだち)の 誘(さそ)いを 断(ことわ)った。친구의 권유를 거절했다.

当

마땅할 **당**

총획 6획
부수 (小)

음독	とう	当時とうじ 당시　当日とうじつ 당일 当選とうせん 당선　当番とうばん 당번 見当けんとう 짐작, 예상　本当ほんとう 정말
훈독	あたる あてる	当あたる 맞다, 들어맞다　当あたり前まえ 당연함 当あてる 맞히다

当 当 当 当 当 当

음독 예문

彼(かれ)は 大統領(だいとうりょう)に 当選(とうせん)した。 그는 대통령에 당선되었다.

うそじゃ ありません。本当(ほんとう)ですよ。 거짓말이 아닙니다. 정말이에요.

훈독 예문

宝(たから)くじに 当(あ)たったら、世界旅行(せかいりょこう)に 行(い)きたい。
복권에 당첨되면 세계 여행을 가고 싶다.

クイズ、当(あ)ててごらん。 퀴즈, 맞혀 봐.

席

자리 **석**

총획 10획
부수 (巾)

음독	せき	席せき 자리 客席きゃくせき 객석　欠席けっせき 결석 出席しゅっせき 출석　同席どうせき 동석
훈독	—	

席 席 席 席 席 席 席 席 席 席

음독 예문

ただいま、席(せき)を 外(はず)して おりますが。
지금 자리를 비웠습니다만.

まず 出席(しゅっせき)を 取(と)ります。
먼저 출석을 부르겠습니다.

同席(どうせき)しても いいですか。
동석해도 되겠습니까?

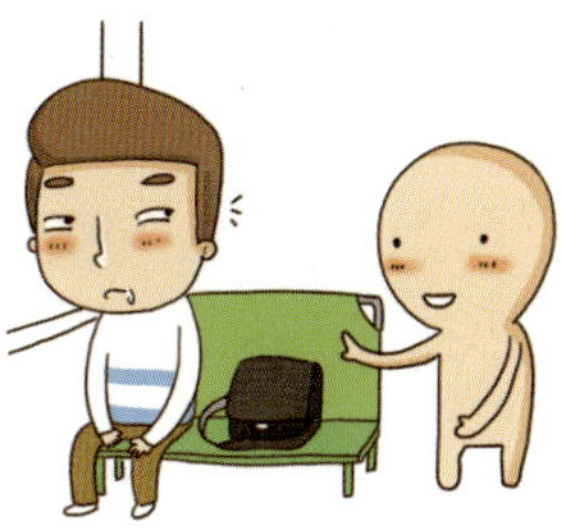

宅

집 **택**

음독	たく	お宅たく 댁 帰宅きたく 귀가　自宅じたく 자택 住宅街じゅうたくがい 주택가
훈독	ー	

宅 宅 宅 宅 宅 宅

宅

총획 6획
부수 (宀)

음독 예문

明日(あした)、先生(せんせい)の お宅(たく)へ うかがっても いいですか。
내일 선생님 댁으로 찾아봬도 될까요?

父(ちち)の 帰宅時間(きたくじかん)が 遅(おそ)く なる。
아버지의 귀가 시간이 늦어지다.

ここに 自宅(じたく)の 電話番号(でんわばんごう)も 書(か)いて ください。
여기에 자택 전화번호도 써 주세요.

閉

닫을 **폐**

음독	へい	閉会へいかい 폐회　閉校へいこう 폐교 閉口へいこう 질림, 손듦　閉店へいてん 폐점
훈독	とじる	閉とじる (눈을) 감다, (책을) 덮다
	しまる	閉しまる (문이) 닫히다　閉しめる (문을) 닫다

閉 閉 閉 閉 閉 閉 閉 閉 閉 閉 閉

閉

총획 11획
부수 (門)

음독 예문

子供(こども)たちが 少(すく)なく なって、学校(がっこう)が 閉校(へいこう)と なった。
아이들 수가 적어져서 학교가 폐교되었다.

今年(ことし)の 暑(あつ)さには 閉口(へいこう)です。 올해 더위에는 질렸어요.

훈독 예문

本(ほん)を 閉(と)じて ください。 책을 덮어 주세요.

寒(さむ)いですから、ドアを 閉(し)めて ください。 추우니까 문을 닫아 주세요.

연습문제

정답 p.189

I 다음 한자어의 바른 읽기를 골라 보세요.

1 閉まる　　しまる　とまる

2 断る　　すわる　ことわる

3 結ぶ　　むすぶ　ならぶ

4 断水　　たんすい　だんすい

5 閉口　　へいこう　はいこう

II 다음 보기에서 알맞은 한자를 골라 어휘를 완성해 보세요.

보기	当	閉	難	断	可

1 가능 かのう　　[　] 能

2 비난 ひなん　　非 [　]

3 짐작 けんとう　　見 [　]

4 판단 はんだん　　判 [　]

5 폐회 へいかい　　[　] 会

III 밑줄 친 한자어의 읽는 법을 보기에서 찾아서 히라가나로 써넣어 보세요.

보기	たく	と	せき	とうじ
	かもく	むずか	あ	けつまつ

1 座(すわ)る 席が ない。
( )

2 先生(せんせい)の お宅に うかがう。
( )

3 好(す)きな 科目は 日本語(にほんご)です。
( )

4 当時、まだ 中学生(ちゅうがくせい)だった。
( )

5 思(おも)わぬ 結末を 迎(むか)える。
( )

6 ボールが 顔(かお)に 当たる。
( )

7 難しい 問題(もんだい)。
( )

8 目(め)を 閉じる。
( )

12과

음독이 2개인 글자

家 団 米 石 性 然 易 再 解 絵

PART 2

家

집 **가**

家

총획 10획
부수 (宀)

음독	か	家具かぐ 가구 　 家事かじ 집안일, 가사 家庭かてい 가정 　 家内かない 아내
		作家さっか 작가
	け	家来けらい 가신
		本家ほんけ 본가, 종가
훈독	いえ	家いえ 집
	や	家賃やちん 집세
		大家おおや 집주인, 본가

家 家 家 家 家 家 家 家 家 家

음독 예문

うちは 家内(かない)と 子供(こども) 二人(ふたり)の 四人(よにん) 家族(かぞく)です。

우리 집은 아내와 아이 둘인 4인 가족입니다.

훈독 예문

新(あたら)しい 家(いえ)を 建(た)てた。 새 집을 지었다.

团

둥글 **단**

团

총획 6획
부수 (口)

음독	だん	团結だんけつ 단결 　 团子だんご 경단 团体だんたい 단체 　 团地だんち 단지
	とん	布团ふとん 이불
훈독	–	

团 团 团 团 团 团

음독 예문

みんなで 团結(だんけつ)して 頑張(がんば)ろう。

모두 같이 단결해서 분발하자.

团体旅行(だんたいりょこう)で 温泉(おんせん)に 行(い)った。

단체 여행으로 온천에 갔다.

花(はな)より 团子(だんご) 꽃보다 경단(금강산도 식후경)

布团(ふとん)を しく。 이불을 깔다.

米

쌀 **미**

총획 6획
부수 (米)

음독	べい	米国べいこく 미국
		欧米おうべい 구미
	まい	新米しんまい 햅쌀, 신참　　白米はくまい 백미
훈독	こめ	米こめ 쌀

음독 예문

食生活(しょくせいかつ)の 欧米(おうべい)化(か)が 進(すす)んで いる。
식생활의 서구화가 진행되고 있다.

新米(しんまい)の セールスマンです。 신참 세일즈맨입니다.

白米(はくまい)より 玄米(げんまい)の 方(ほう)が 健康(けんこう)に よい。 백미보다 현미 쪽이 건강에 좋다.

훈독 예문

米(こめ)を 洗(あら)って ご飯(はん)を 炊(た)く。 쌀을 씻어서 밥을 짓다.

石

돌 **석**

총획 5획
부수 (石)

음독	せき	石炭せきたん 석탄　　石油せきゆ 석유
		化石かせき 화석　　宝石ほうせき 보석
	しゃく	磁石じしゃく 자석
훈독	いし	石いし 돌
		小石こいし 작은 돌

음독 예문

母(はは)から 宝石箱(ほうせきばこ)を もらいました。 엄마한테 보석 상자를 받았어요.

磁石(じしゃく)で 方角(ほうがく)が 分(わ)かる。 자석으로 방향을 알 수 있다.

훈독 예문

海辺(うみべ)に 石(いし)が ごろごろして いる。 해변에 돌이 여기 저기 많이 있다.

性

성품 **성**

총획 8획
부수 (忄)

음독	せい	性格せいかく 성격 / 性質せいしつ 성질 / 性能せいのう 성능
		女性じょせい 여성 / 男性だんせい 남성
	しょう	根性こんじょう 근성
훈독	—	

음독 예문

彼女(かのじょ)とは 性格(せいかく)が 合(あ)わない。 그녀와는 성격이 맞지 않는다.

塩(しお)には 水分(すいぶん)を 吸(す)い込(こ)む 性質(せいしつ)が ある。 소금에는 수분을 빨아들이는 성질이 있다.

親切(しんせつ)な 女性(じょせい)に 道(みち)を 案内(あんない)して もらった。 친절한 여성에게 길을 안내 받았다.

根性(こんじょう)の ある 人(ひと) 근성이 있는 사람

然

그럴 **연**

총획 12획
부수 (灬)

음독	ぜん	全然ぜんぜん 전혀 / 当然とうぜん 당연 / 未然みぜん 미연
	ねん	天然てんねん 천연
훈독	—	

음독 예문

この 問題(もんだい)は 全然(ぜんぜん) 分(わ)からない。
이 문제는 전혀 모르겠다.

事故(じこ)を 未然(みぜん)に 防(ふせ)ぐ。
사고를 미연에 방지하다.

この 木(き)は 天然記念物(てんねんきねんぶつ)に 指定(してい)されて いる。
이 나무는 천연기념물로 지정되어 있다.

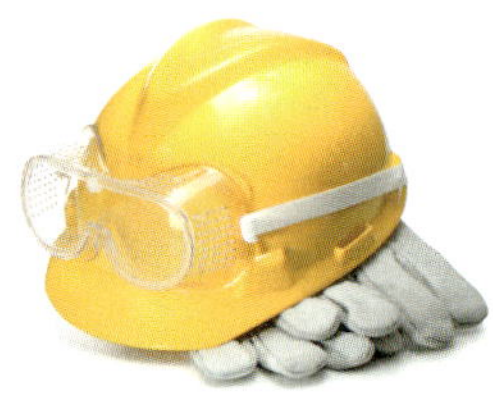

易

바꿀 **역**
쉬울 **이**

총획 8획
부수 (日)

음독	い	安易あんい 안이함　　容易ようい 용이함
	えき	交易こうえき 교역　　貿易ぼうえき 무역
훈독	やさしい	易やさしい 쉽다

음독 예문

外国(がいこく)と 交易(こうえき)する。 외국과 교역하다.

日本(にほん)の 貿易額(ぼうえきがく)は 年々(ねんねん) 伸(の)びて いる。 일본의 무역액은 해마다 늘어나고 있다.

商売(しょうばい)を 安易(あんい)に 考(かんが)えては いけない。 장사를 안이하게 생각해서는 안 된다.

훈독 예문

今度(こんど)の テストは 易(やさ)しかったです。 이번 시험은 쉬웠어요.

再

다시 **재**

총획 6획
부수 (冂)

음독	さい	再会さいかい 재회　　再婚さいこん 재혼
	さ	再来週さらいしゅう 다음 다음 주 再来月さらいげつ 다음 다음 달 再来年さらいねん 내후년
훈독	ふたたび	再ふたたび 다시

음독 예문

二十年(にじゅうねん)ぶりに 再会(さいかい)した。 20년 만에 재회했다.

再来年(さらいねん)は 高校生(こうこうせい)に なります。 내후년에는 고등학생이 됩니다.

훈독 예문

再(ふたた)び 秋(あき)が めぐって きた。 다시 가을이 돌아왔다.

解

풀 **해**

총획 13획
부수 (冂)

음독	かい	解決かいけつ 해결	解説かいせつ 해설
		誤解ごかい 오해	
	げ	解毒げどく 해독	解熱げねつ 해열
훈독	とく とける	解とく (문제를) 풀다	解とける 풀리다

음독 예문

早(はや)く 解決(かいけつ)して ほしい。 빨리 해결해 주었으면 좋겠다.

野球(やきゅう)の 試合(しあい)を 解説(かいせつ)する。 야구 시합을 해설하다.

解熱剤(げねつざい)を 飲(の)んでも 熱(ねつ)が 下(さ)がりません。 해열제를 먹어도 열이 내려가지 않습니다.

훈독 예문

数学(すうがく)の 問題(もんだい)を 解(と)く。 수학 문제를 풀다.

絵

그림 **회**

총획 12획
부수 (糸)

음독	え	絵え 그림	絵えの具ぐ 그림물감
		絵本えほん 그림책	絵日記えにっき 그림일기
	かい	絵画かいが 회화	
훈독	—		

음독 예문

絵画教室(かいがきょうしつ)に 通(かよ)いたい。
회화 교실에 다니고 싶다.

私(わたし)の 趣味(しゅみ)は 絵(え)を 描(か)く ことです。
저의 취미는 그림을 그리는 것입니다.

子供(こども)は 毎日(まいにち) 絵日記(えにっき)を かいて いる。
아이는 매일 그림일기를 쓰고 있다.

연습문제

정답 p.189

I 다음 한자어의 바른 읽기를 골라 보세요.

1	全然	ぜんぜん	ぜんえん
2	解決	かいけつ	げけつ
3	大家	おおいえ	おおや
4	米国	めいこく	べいこく
5	易しい	やさしい	さびしい

II 다음 보기에서 알맞은 한자를 골라 어휘를 완성해 보세요.

보기	団	家	易	性	解

1	오해 ごかい	誤	
2	집안일, 가사 かじ		事
3	단지 だんち		地
4	용이 ようい	容	
5	성질 せいしつ		質

III 밑줄 친 한자어의 읽는 법을 보기에서 찾아서 히라가나로 써넣어 보세요.

보기				
	と	いし	ふたた	じょせい
	ぼうえき	こめ	え	いえ

1 絵を 描(か)く。
( )

2 おいしい 米の ご飯(はん)が 食(た)べたい。
( )

3 女性の 社会進出(しゃかいしんしゅつ)
( )

4 再び ステージに 立(た)つ。
( )

5 この パンは 石のように かたい。
( )

6 住(す)む 家が ない。
( )

7 貿易が 円滑(えんかつ)に 行(おこな)われる。
( )

8 なぞを 解く。
( )

13과

음독이 틀리기 쉬운 한자

刻

個

告

美

城

続

術

完

熱

痛

PART 2

刻

새길 **각**

刻

총획 8획
부수 (刂)

음독	こく	時刻じこく 시각　遅刻ちこく 지각 彫刻ちょうこく 조각　定刻ていこく 정각
훈독	きざむ	刻きざむ (칼로) 새기다, 잘게 썰다

刻 刻 刻 刻 刻 刻 刻 刻

음독 예문

父(ちち)は 彫刻家(ちょうこくか)です。
아버지는 조각가입니다.

学校(がっこう)に 遅刻(ちこく)した。
학교에 지각했다.

훈독 예문

にんにくを 細(こま)かく 刻(きざ)んで、なべに 入(い)れて ください。
마늘을 잘게 썰어서 냄비에 넣어 주세요.

個

낱 **개**

個

총획 10획
부수 (亻)

음독	こ	個人こじん 개인　個性こせい 개성 個別こべつ 개별 一個いっこ 한 개
훈독	–	

個 個 個 個 個 個 個 個 個 個

음독 예문

個人(こじん)の 意見(いけん)を 発表(はっぴょう)する。
개인의 의견을 발표하다.

彼女(かのじょ)の ヘアスタイルは なかなか 個性的(こせいてき)です。
그녀의 헤어스타일은 상당히 개성적입니다.

個別(こべつ)に 面接(めんせつ)します。
개별적으로 면접하겠습니다.

これは 一個(いっこ)で 50円(えん)です。
이것은 한 개당 50엔입니다.

告

알릴 고

총획 7획
부수 (口)

음독	こく	告示こくじ 고시 広告こうこく 광고 報告ほうこく 보고	告白こくはく 고백 忠告ちゅうこく 충고
훈독	つげる	告げる 고하다, 알리다	

告 告 告 告 告 告 告

음독 예문

好(す)きな 人(ひと)に 愛(あい)を 告白(こくはく)したい。
좋아하는 사람에게 사랑을 고백하고 싶다.

雑誌(ざっし)や 新聞(しんぶん)などに 広告(こうこく)を 出(だ)した。
잡지나 신문 등에 광고를 냈다.

훈독 예문

彼(かれ)に 別(わか)れを 告(つ)げる。
그에게 이별을 고하다.

美

아름다울 미

총획 9획
부수 (羊)

음독	び	美人びじん 미인	美術びじゅつ 미술
훈독	うつくしい	美しい 아름답다	

美 美 美 美 美 美 美 美 美

음독 예문

本当(ほんとう)に 美人(びじん)が 多(おお)いですね。
정말로 미인이 많네요.

美術(びじゅつ)の 時間(じかん)に 絵(え)を 描(か)いて 先生(せんせい)に ほめられた。
미술 시간에 그림을 그려서 선생님께 칭찬 받았다.

훈독 예문

ここからの 眺(なが)めは とても 美(うつく)しいです。
여기에서 보는 전망은 매우 아름답습니다.

城

성 **성**

城

총획 9획
부수 (土)

음독	じょう	城内じょうない 성안 / 城壁じょうへき 성벽 / 城門じょうもん 성문
훈독	しろ	城しろ 성

城 城 城 城 城 城 城 城 城

음독 예문

人(ひと)が 少(すく)なかったので、城内(じょうない)に 入(はい)って みた。
사람이 적었기 때문에 성 안에 들어가 보았다.

城壁(じょうへき)に 囲(かこ)まれた 町(まち)
성벽으로 둘러싸인 마을

훈독 예문

江戸時代(えどじだい)に 築(きず)かれた 城(しろ)
에도시대에 건축된 성

続

이을 **속**

続

총획 13획
부수 (糸)

음독	ぞく	続々ぞくぞくと 계속해서, 잇달아 / 続行ぞっこう 속행 / 続出ぞくしゅつ 속출 / 続落ぞくらく 계속 내림 / 持続じぞく 지속
훈독	つづく	続つづく 계속되다 / 続つづける 계속하다 / 手続てつづき 수속, 절차

続 続 続 続 続 続 続 続 続 続 続 続 続

음독 예문

校門(こうもん)から 生徒(せいと)が 続々(ぞくぞく)と 出(で)てくる。 교문에서 학생이 잇달아 나온다.

日本(にほん)の あちら こちらで、子供(こども)の 事故(じこ)が 続出(ぞくしゅつ)して いるようだ。
일본의 여기 저기에서 어린이 사고가 속출하고 있는 것 같다.

훈독 예문

雨(あめ)が 三日(みっか)も 続(つづ)いて いる。 비가 3일이나 계속되고 있다.

術

재주 **술**

術

총획 11획
부수 (行)

음독	じゅつ	学術がくじゅつ 학술　手術しゅじゅつ 수술　技術ぎじゅつ 기술
훈독	–	

術 術 術 術 術 術 術 術 術 術 術

음독 예문

学術(がくじゅつ)会議(かいぎ)に 参加(さんか)する。
학술 회의에 참가하다.

すぐれた 技術(ぎじゅつ)を 身(み)に つける。
뛰어난 기술을 몸에 익히다.

手術(しゅじゅつ)を 受(う)けるため、病院(びょういん)に 入院(にゅういん)した。
수술을 받기 위해 병원에 입원했다.

完

완전할 **완**

完

총획 7획
부수 (宀)

음독	かん	完勝かんしょう 완승　完走かんそう 완주　完全かんぜん 완전　完備かんび 완비
훈독	–	

完 完 完 完 完 完 完

음독 예문

4対(たい)0で 完勝(かんしょう)した。
4대 0으로 완승했다.

マラソン大会(たいかい)で、完走(かんそう)する ことが できた。
마라톤 대회에서 완주할 수 있었다.

部屋(へや)には エアコンが 完備(かんび)されて いる。
방에는 에어컨이 완비되어 있다.

熱

더울 **열**

총획 15획
부수 (灬)

음독	ねつ	熱ねつ 열	熱意ねつい 열의
		熱心ねっしん 열심	熱中ねっちゅう 열중
		過熱かねつ 과열	
훈독	あつい	熱あつい 뜨겁다	

음독 예문

風邪(かぜ)を 引(ひ)いて、熱(ねつ)が 出(で)る。
감기에 걸려서 열이 나다.

講演(こうえん)を 熱心(ねっしん)に 聞(き)く。
강연을 열심히 듣다.

훈독 예문

たこ焼(や)きは 熱(あつ)かったですが、とても おいしかったです。
다코야키는 뜨거웠지만 매우 맛있었어요.

痛

아플 **통**

총획 12획
부수 (疒)

음독	つう	痛快つうかい 통쾌	痛感つうかん 통감
		痛切つうせつに 절실하게	
		苦痛くつう 고통	頭痛ずつう 두통
훈독	いたい いたむ	痛いたい 아프다	痛いたみ 아픔

음독 예문

朝(あさ)から ずっと 頭痛(ずつう)が して いる。
아침부터 쭉 두통이 난다.

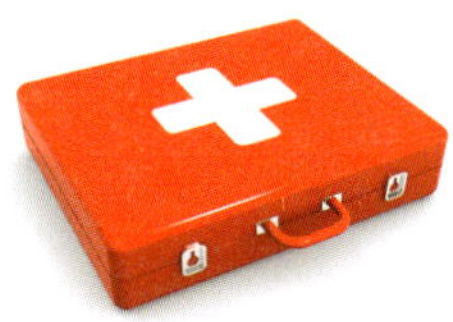

훈독 예문

のどが 痛(いた)い。 목이 아프다.

痛(いた)み止(ど)めの 薬(くすり)を 飲(の)むと、眠(ねむ)く なる。
진통제를 먹으면 졸리게 된다.

연습문제

정답 p.189

I 다음 한자어의 바른 읽기를 골라 보세요.

1 時刻　　じこく　じかく

2 個性　　かいせい　こせい

3 広告　　こうこ　こうこく

4 頭痛　　ずつう　ずとう

5 美人　　みじん　びじん

II 다음 보기에서 알맞은 한자를 골라 어휘를 완성해 보세요.

보기	個	完	続	術	告

1 고백 こくはく　□白

2 완전 かんぜん　□全

3 개인 こじん　□人

4 속출 ぞくしゅつ　□出

5 수술 しゅじゅつ　手□

III 밑줄 친 한자어의 읽는 법을 보기에서 찾아서 히라가나로 써넣어 보세요.

보기	あつ	つづ	うつく	きざ
	いた	いっこ	しろ	ねつ

1 にんじんを 刻む。
( )

2 雨(あめ)の日(ひ)が 続く。
( )

3 熱が 下(さ)がる。
( )

4 頭(あたま)が 痛い。
( )

5 城を 築(きず)く。
( )

6 熱い お茶(ちゃ)。
( )

7 人生(じんせい)は 美しい。
( )

8 一個 100円(えん)です。
( )

쉬어 가기

• 신체 용어와 관련된 한자를 읽어 볼까요?

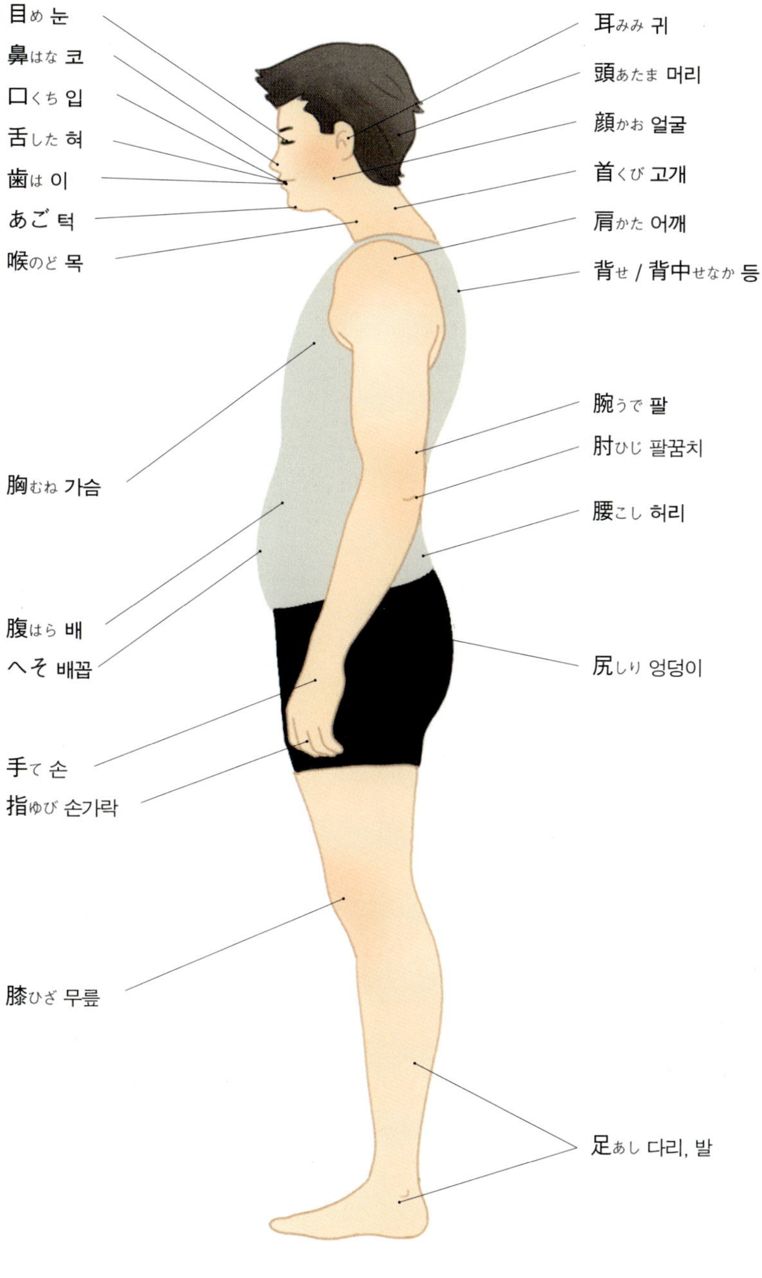

정답 p.189

확인문제 4

다음 신체를 나타내는 한자의 읽는 법을 히라가나로 쓰고 뜻도 써 보세요.

1 頭 (　　　　　　) ➡ ________________

2 足 (　　　　　　) ➡ ________________

3 首 (　　　　　　) ➡ ________________

4 口 (　　　　　　) ➡ ________________

5 耳 (　　　　　　) ➡ ________________

6 手 (　　　　　　) ➡ ________________

7 腰 (　　　　　　) ➡ ________________

8 鼻 (　　　　　　) ➡ ________________

9 目 (　　　　　　) ➡ ________________

10 肩 (　　　　　　) ➡ ________________

11 顔 (　　　　　　) ➡ ________________

12 腹 (　　　　　　) ➡ ________________

13 歯 (　　　　　　) ➡ ________________

14 胸 (　　　　　　) ➡ ________________

15 背中 (　　　　　　) ➡ ________________

14과

훈독이 1개인 글자

寄
利
夫
定
助
座
片
布
敗
必

PART 2

寄

붙어살 **기**

寄

총획 11획
부수 (宀)

음독	き	寄宿舎きしゅくしゃ 기숙사	寄付金きふきん 기부금
훈독	よる	寄よる 들르다	
		年寄としより 노인	

寄 寄 寄 寄 寄 寄 寄 寄 寄 寄 寄

음독 예문

親元(おやもと)を 離(はな)れて、寄宿舎(きしゅくしゃ)で 生活(せいかつ)して いる。
부모님 곁을 떠나서 기숙사에서 생활하고 있다.

훈독 예문

日本(にほん)に いらっしゃる ことが あったら、ぜひ 寄(よ)って ください。
일본에 오실 일이 있으면 꼭 들러 주세요.

電車(でんしゃ)の 中(なか)で、お年寄(としよ)りに 席(せき)を 譲(ゆず)った。
전철 안에서 나이 드신 분에게 자리를 양보했다.

利

이로울 **리**

利

총획 7획
부수 (刂)

음독	り	利口りこう 영리함	利用りよう 이용
		権利けんり 권리	有利ゆうり 유리
훈독	きく	利きく 효력이 있다, 듣다	
		左利ひだりきき 왼손잡이	右利みぎきき 오른손잡이

利 利 利 利 利 利 利

음독 예문

メリーは 利口(りこう)な 犬(いぬ)です。
메리는 영리한 개입니다.

昼休(ひるやす)みを 利用(りよう)して、野球(やきゅう)を した。
점심시간을 이용해서 야구를 했다.

훈독 예문

彼女(かのじょ)は 左利(ひだりき)きです。 그녀는 왼손잡이입니다.

夫

지아비 **부**

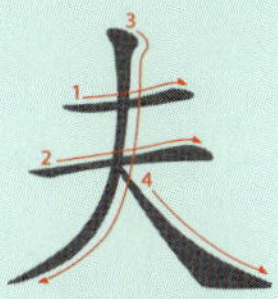

총획 4획
부수 (大)

음독	ふ	夫人ふじん 부인	夫妻ふさい 부처, 부부
	ふう	夫婦ふうふ 부부	
		工夫くふう 궁리, 연구	
훈독	おっと	夫おっと 남편	

夫 夫 夫 夫

음독 예문

小学生(しょうがくせい)の 時(とき)、キュリー夫人(ふじん)の 伝記(でんき)を 読(よ)んだ。
초등학생 때 퀴리 부인의 전기를 읽었다.

結婚(けっこん)して 夫婦(ふうふ)に なった。
결혼해서 부부가 되었다.

훈독 예문

週末(しゅうまつ)は 夫(おっと)の 実家(じっか)へ 行(い)って きた。
주말에는 남편의 본가에 다녀왔다.

定

정할 **정**

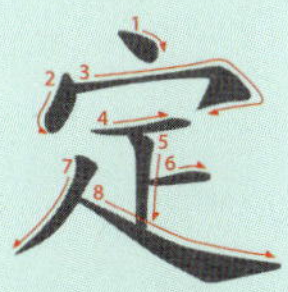

총획 8획
부수 (宀)

음독	てい	定員ていいん 정원	定食ていしょく 정식
		安定あんてい 안정	決定けってい 결정
	じょう	案あんの定じょう 예상대로	
훈독	さだまる	定さだまる 정해지다, 결정되다	定さだめる 정하다, 결정하다

定 定 定 定 定 定 定 定

음독 예문

田舎(いなか)の 学校(がっこう)は 定員割(ていいんわ)れに なって いる。 시골 학교는 정원 미달이 되고 있다.

定食(ていしょく)は あまり 食(た)べない。 정식은 별로 먹지 않는다.

案(あん)の定(じょう)、雨(あめ)に なりました。 예상대로 비가 내렸어요.

훈독 예문

法律(ほうりつ)を 定(さだ)めて、国(くに)の 平和(へいわ)を 守(まも)る。 법률을 정해서 국가의 평화를 지킨다.

助

도울 조

총획 7획
부수 (力)

음독	じょ	助言じょげん 조언	助手じょしゅ 조수
		助力じょりょく 조력	
		救助きゅうじょ 구조	
훈독	たすかる	助たすかる 살아남다	助たすける 구조하다, 살리다

助 助 助 助 助 助 助

음독 예문

友(とも)だちが 助言(じょげん)して くれた。
친구가 조언해 주었다.

훈독 예문

少女(しょうじょ)は 川(かわ)に 落(お)ちたが、助(たす)かった。
소녀는 강에 떨어졌지만 구조되었다.

子供(こども)が「助(たす)けて ください」と 叫(さけ)んで いる。
아이가 "살려 주세요." 하고 소리치고 있다.

座

앉을 좌

총획 10획
부수 (广)

음독	ざ	座席ざせき 좌석	座布団ざぶとん 방석
		口座こうざ 구좌	星座せいざ 별자리
		正座せいざ 정좌	
훈독	すわる	座すわる 앉다	

座 座 座 座 座 座 座 座 座 座

음독 예문

あなたの 座席(ざせき)は こちらです。 당신의 좌석은 이쪽입니다.

電気料金(でんきりょうきん)は 自動的(じどうてき)に 口座(こうざ)から 引(ひ)き落(お)とされる。
전기 요금은 자동적으로 계좌에서 이체된다.

私(わたし)の 星座(せいざ)は かに座(ざ)です。 나의 별자리는 게자리입니다.

훈독 예문

どうぞ こちらに お座(すわ)り ください。 자, 이쪽으로 앉아 주십시오.

片

조각 **편**

총획 4획
부수 (片)

음독	へん	断片だんぺん 단편
훈독	かた	片付かたづける 정리하다, 치우다 片言かたこと 한마디, 서투른 말　片手かたて 한손 片道かたみち 편도

片 片 片 片

음독 예문

断片的(だんぺんてき)な 記憶(きおく) 단편적인 기억

훈독 예문

部屋(へや)を きれいに 片付(かたづ)けて ください。 방을 깨끗하게 정리해 주세요.

片言(かたこと)の 日本語(にほんご)で あいさつ しました。
한마디 일본어로 인사했습니다.

片道(かたみち)で 一時間(いちじかん)ぐらい かかります。
편도에 한 시간 정도 걸립니다.

布

베 **포**

총획 5획
부수 (巾)

음독	ふ	布告ふこく 포고 配布はいふ 배포　毛布もうふ 모포 分布ぶんぷ 분포
훈독	ぬの	布ぬの 천

布 布 布 布 布

음독 예문

パンフレットを 配布(はいふ)する。
팸플릿을 배포하다.

この 植物(しょくぶつ)は 各地(かくち)に 広(ひろ)く 分布(ぶんぷ)して いる。
이 식물은 각지에 넓게 분포되어 있다.

훈독 예문

丈夫(じょうぶ)な 布(ぬの)で かばんを 作(つく)った。
튼튼한 천으로 가방을 만들었다.

敗

패할 **패**

총획 11획
부수 (攵)

음독	はい	敗戦はいせん 패전	敗北はいぼく 패배
		失敗しっぱい 실패	腐敗ふはい 부패
훈독	やぶれる	敗やぶれる (승부에서) 지다, 패배하다	

음독 예문

彼(かれ)は 選挙(せんきょ)での 敗北(はいぼく)を 認(みと)めた。 그는 선거에서의 패배를 인정했다.

パンを 作(つく)るのに 失敗(しっぱい)しました。 빵을 만드는 데 실패했습니다.

腐敗(ふはい)しやすい ものは 冷蔵庫(れいぞうこ)に 入(い)れなさい。
부패하기 쉬운 것은 냉장고에 넣으세요.

훈독 예문

私(わたし)の チームは 決勝戦(けっしょうせん)で 敗(やぶ)れた。 우리 팀은 결승전에서 졌다.

必

반드시 **필**

총획 5획
부수 (心)

음독	ひつ	必死ひっし 필사	必至ひっし 필연적임, 불가피함
		必然ひつぜん 필연	必需品ひつじゅひん 필수품
훈독	かならず	必かならず 반드시	

음독 예문

このままでは 敗戦(はいせん)は 必至(ひっし)です。
이 상태로는 패전은 불가피합니다.

今(いま)では、生活必需品(せいかつひつじゅひん)となった ケータイ
지금에는 생활필수품이 된 휴대전화

훈독 예문

朝(あさ)ご飯(はん)は 必(かなら)ず 食(た)べさせます。
아침밥은 반드시 먹게 합니다.

연습문제

정답 p.189

I 다음 한자어의 바른 읽기를 골라 보세요.

1 工夫　　くふう　くふ

2 利く　　かく　きく

3 座る　　すわる　かわる

4 片言　　かたこと　へんこと

5 助ける　　たすける　つづける

II 다음 보기에서 알맞은 한자를 골라 어휘를 완성해 보세요.

보기	布	敗	利	助	定

1 실패 しっぱい　　失 ☐

2 정식 ていしょく　　☐ 食

3 유리 ゆうり　　有 ☐

4 조수 じょしゅ　　☐ 手

5 포고 ふこく　　☐ 告

III 밑줄 친 한자어의 읽는 법을 보기에서 찾아서 히라가나로 써넣어 보세요.

보기	ざせき	りこう	ふうふ	としよ
	ひっし	やぶ	かたづ	かなら

1 2時(じ)には 必ず 帰(かえ)って きます。
( )

2 座席を 予約(よやく)する。
( )

3 子供(こども)から お年寄りまで できる。
( )

4 部屋(へや)を 片付ける。
( )

5 犬(いぬ)は 利口な 動物(どうぶつ)だ。
( )

6 二人(ふたり)は 夫婦になった。
( )

7 選挙(せんきょ)に 敗れる。
( )

8 必死の 努力(どりょく)を 続(つづ)ける。
( )

PART 2

15과

훈독이 2개인 글자

覚

降

苦

得

船

消

数

酒

初

表

覚

깨달을 **각**

覚

총획 ⑫획
부수 (見)

음독	かく	覚悟かくご 각오
		感覚かんかく 감각　　自覚じかく 자각 発覚はっかく 발각
훈독	おぼえる	覚おぼえる 외우다, 기억하다
	さめる	覚さめる (눈이) 뜨이다　　覚さます 깨다

覚 覚 覚 覚 覚 覚 覚 覚 覚 覚 覚 覚

음독 예문

必死(ひっし)の 覚悟(かくご)で 戦(たたか)う。 필사의 각오로 싸우다.

彼女(かのじょ)は 親(おや)としての 責任(せきにん)を 自覚(じかく)して いる。
그녀는 부모로서의 책임을 자각하고 있다.

훈독 예문

日本語(にほんご)の 単語(たんご)を 覚(おぼ)える。 일본어 단어를 외우다.

雨(あめ)の 音(おと)に 目(め)を 覚(さ)ました。 빗소리에 눈을 떴다.

降

내릴 **강**

降

총획 ⑩획
부수 (阝)

음독	こう	降雨量こううりょう 강우량　　降参こうさん 항복
		以降いこう 이후
훈독	おりる	降おりる (탈것에서) 내리다
	ふる	降ふる (눈, 비가) 내리다

降 降 降 降 降 降 降 降 降 降

음독 예문

今夜(こんや)から 明日(あす)に かけて かなりの 降雨量(こううりょう)が 見込(みこ)まれる。
오늘 밤부터 내일에 걸쳐 상당한 강우량이 예상된다.

훈독 예문

次(つぎ)の 駅(えき)で 降(お)りて ください。 다음 역에서 내려 주세요.

学校(がっこう)から 帰(かえ)る 途中(とちゅう)で、雨(あめ)に 降(ふ)られた。 학교에서 돌아오는 도중에 비를 맞았다.

苦

괴로울 **고**

총획 8획
부수 (艹)

음독	く	苦情くじょう 불만	苦労くろう 노고, 고생
훈독	くるしい	苦くるしい 답답하다, 고통스럽다	
	にがい	苦にがい (맛이) 쓰다, 불쾌하다	苦手にがてだ 서투르다, 질색이다

음독 예문

苦情(くじょう)を 言(い)う。 불만을 말하다.

훈독 예문

マスクを すると、息(いき)が 苦(くる)しい。 마스크를 하면 호흡하기 답답하다.

この薬(くすり)は 苦(にが)くて 飲(の)みにくいです。 이 약은 써서 먹기 힘들어요.

英語(えいご)は 苦手(にがて)です。 영어는 서툽니다.

得

얻을 **득**

총획 11획
부수 (彳)

음독	とく	得意とくいだ 자신 있다, 잘하다	得点とくてん 득점
		獲得かくとく 획득	説得せっとく 설득
훈독	える	得える 얻다	~得えない ~수 없다
	うる	~得うる ~수 있다	

음독 예문

私(わたし)は 日本語(にほんご)が 得意(とくい)です。 저는 일본어를 잘합니다.

得点(とくてん)を あげる ことが できなかった。 득점을 올릴 수가 없었다.

훈독 예문

そういう ことは あり得(う)る 話(はなし)だ。 그런 일은 있을 수 있는 이야기이다.

船

배 **선**

음독	せん	船長せんちょう 선장 風船ふうせん 풍선
훈독	ふな	船出ふなで 출범　　船乗ふなのり 선원 船便ふなびん 배편
	ふね	船ふね 배

船 船 船 船 船 船 船 船 船 船 船

총획 11획
부수 (舟)

음독 예문

部屋(へや)の 中(なか)で 風船(ふうせん)遊(あそ)びを した。 방 안에서 풍선 놀이를 했다.

훈독 예문

荷物(にもつ)を 船便(ふなびん)で 送(おく)る。 짐을 배편으로 보내다.

船(ふね)に 乗(の)って 世界一周(せかいいっしゅう)の 旅(たび)を したい。 배를 타고 세계 일주 여행을 하고 싶다.

消

꺼질 **소**

음독	しょう	消化しょうか 소화　　消毒しょうどく 소독 消費しょうひ 소비 解消かいしょう 해소
훈독	きえる	消きえる 꺼지다, 사라지다
	けす	消けす 끄다, 지우다

消 消 消 消 消 消 消 消 消 消

총획 10획
부수 (氵)

음독 예문

これは 消化(しょうか)の よい 食(た)べ物(もの)です。 이것은 소화가 잘 되는 음식입니다.

ストレス解消(かいしょう)に なる。 스트레스 해소가 되다.

훈독 예문

隣(となり)の 家(いえ)の あかりが 消(き)えた。 집의 불빛이 꺼졌다.

消(け)しゴムで 字(じ)を 消(け)す。 지우개로 글씨를 지우다.

数

셀 수

음독	すう	数字すうじ 숫자	数日すうじつ 며칠
		偶数ぐうすう 짝수	人数にんずう 인원수
훈독	かず	数かず 수	
	かぞえる	数かぞえる 세다	

数 数 数 数 数 数 数 数 数 数 数 数 数

数

총획 13획
부수 (攵)

음독 예문

彼女(かのじょ)は 数字(すうじ)に 強(つよ)い。 그녀는 숫자에 강하다.

数日間(すうじつかん)、雨(あめ)が 続(つづ)いた。 수일 동안 비가 계속되었다

野球(やきゅう)を するには、人数(にんずう)が 足(た)りない。 야구를 하기에는 인원수가 부족하다.

훈독 예문

数(かず)を 数(かぞ)える。 수를 세다.

酒

술 주

음독	しゅ	梅酒うめしゅ 매실주	日本酒にほんしゅ 일본술
훈독	さか	酒屋さかや 술 파는 가게	酒気さかけ 술기운
	さけ	酒さけ 술	

酒 酒 酒 酒 酒 酒 酒 酒 酒 酒

酒

총획 10획
부수 (酉)

음독 예문

祖母(そぼ)は 毎年(まいとし)、梅酒(うめしゅ)を 作(つく)って います。
할머니는 매년 매실주를 담급니다.

お土産(みやげ)に 日本酒(にほんしゅ)を もらった。
여행 선물로 일본 술을 받았다.

훈독 예문

彼(かれ)は 残(のこ)った お酒(さけ)を 一気(いっき)に 飲(の)んだ。
그는 남은 술을 단숨에 마셨다.

初

처음 초

초
총획 7획
부수 (刀)

음독	しょ	初期しょき 초기　初級しょきゅう 초급 初心者しょしんしゃ 초보자 初日しょにち (연극, 스모, 전람회 등의) 첫날, 개막일 当初とうしょ 당초
훈독	はじめて	初はじめて 처음
	はつ	初恋はつこい 첫사랑　初雪はつゆき 첫눈

初 初 初 初 初 初 初

음독 예문

初心者(しょしんしゃ) コースです。 초보자 코스입니다.

今日(きょう)は 大相撲(おおずもう)の 初日(しょにち)です。 오늘은 스모 대회 첫날입니다.

훈독 예문

去年(きょねん)、初(はじ)めて 日本(にほん)へ 行(い)った。 작년에 처음으로 일본에 갔다.

彼(かれ)は 2歳(さい) 上(うえ)の 初恋(はつこい)の 女性(じょせい)と 結婚(けっこん)した。
그는 두 살 위인 첫사랑 여성과 결혼했다.

表

거죽 표

表
총획 8획
부수 (衣)

음독	ひょう	表情ひょうじょう 표정　表面ひょうめん 표면 代表だいひょう 대표　発表はっぴょう 발표
훈독	おもて	表おもて 거죽, 바깥
	あらわす	表あらわす (감정 등을) 나타내다 表あらわれる (감정, 생각 등이) 나타나다

表 表 表 表 表 表 表 表

음독 예문

この 宝石(ほうせき)は 表面(ひょうめん)に 傷(きず)が ついて いる。 이 보석은 표면에 흠집이 나 있다.

クラスの 代表(だいひょう)として 話(はな)した。 학급 대표로 이야기했다.

훈독 예문

この うれしさは 言葉(ことば)で 表(あらわ)すことは できません。
이 기쁨은 말로 표현할 수 없습니다.

彼(かれ)の 顔(かお)には 失望(しつぼう)の 色(いろ)が 表(あらわ)れて いた。
그의 얼굴에는 실망의 기색이 나타나 있었다.

연습문제

정답 p.190

I 다음 한자어의 바른 읽기를 골라 보세요.

1 降る　のる　ふる

2 数える　かぞえる　おしえる

3 覚える　おぼえる　こたえる

4 消す　おす　けす

5 初雪　はつゆき　しょゆき

II 다음 보기에서 알맞은 한자를 골라 어휘를 완성해 보세요.

보기	消	初	表	苦	得

1 자신 있음 とくい　□意

2 고생 くろう　□労

3 대표 だいひょう　代□

4 초보자 しょしんしゃ　□心者

5 소비 しょうひ　□費

III 밑줄 친 한자어의 읽는 법을 보기에서 찾아서 히라가나로 써넣어 보세요.

보기	お	いこう	かず	にがて
	さ	はじ	ふね	さけ

1 船に 乗(の)る。
( )

2 目(め)が 覚める。
( )

3 バスを 降りる。
( )

4 数を 数(かぞ)える。
( )

5 お酒を 飲(の)む。
( )

6 初めての 経験(けいけん)だった。
( )

7 数学(すうがく)が 苦手だ。
( )

8 明治時代(めいじじだい) 以降。
( )

16과

모양이 비슷한 글자1

制

製

敬

警

受

授

了

予

級

吸

PART 2

制

억제할 **제**

총획 8획
부수 (刂)

음독	せい	制定せいてい 제정 / 制度せいど 제도 / 制約せいやく 제약 / 規制きせい 규제
훈독	―	

制 制 制 制 制 制 制 制

음독 예문

時代(じだい)に 合(あ)わなく なった 制度(せいど)を 改(あらた)める。
시대에 맞지 않게 된 제도를 개정하다.

時間(じかん)と 場所(ばしょ)の 制約(せいやく)が ない。
시간과 장소의 제약이 없다.

ネットには 規制(きせい)が 必要(ひつよう)だ。
인터넷에는 규제가 필요하다.

製

지을 **제**

총획 14획
부수 (衣)

음독	せい	製作せいさく 제작(도구나 기계 등을 사용해 물건을 만듦) / 製造せいぞう 제조 / 製品せいひん 제품 / 手製てせい 수제 / 和製わせい 일본제
훈독	―	

製 製 製 製 製 製 製 製 製 製 製 製 製 製

음독 예문

子供向(こどもむ)けの 家具(かぐ)を 製作(せいさく)して いる。
어린이용 가구를 제작하고 있다.

この 会社(かいしゃ)の 製品(せいひん)は 安(やす)いから、よく 売(う)れます。
이 회사의 제품은 싸기 때문에 잘 팔립니다.

ゴールデンウィークは 和製英語(わせいえいご)です。
골든 위크는 일본식 영어예요.

私(わたし)は 彼(かれ)に 手製(てせい)の クッキーを もらった。
나는 그에게 수제 쿠키를 받았다.

敬

공경할 **경**

총획 12획
부수 (攵)

음독	けい	敬語けいご 경어　　敬老けいろう 경로 尊敬そんけい 존경
훈독	うやまう	敬うやまう 공경하다

음독 예문

目上(めうえ)の 人(ひと)と 話(はな)す 時(とき)は、敬語(けいご)を 使(つか)います。
손윗사람과 이야기할 때는 경어를 사용합니다.

9月(がつ)15日(にち)は 敬老(けいろう)の日(ひ)です。 9월 15일은 경로의 날입니다.

尊敬(そんけい)しあえる 社会(しゃかい)を 作(つく)りたい。 서로 존경할 수 있는 사회를 만들고 싶다.

훈독 예문

この頃(ごろ)の 学生(がくせい)は、先生(せんせい)を 敬(うやま)って いない。
요즘 학생은 선생님을 존경하고 있지 않다.

警

경계할 **경**

총획 19획
부수 (言)

음독	けい	警官けいかん 경찰관　　警告けいこく 경고 警備けいび 경비
훈독	—	

음독 예문

お医者(いしゃ)さんの 警告(けいこく)も 聞(き)かずに、お酒(さけ)を 飲(の)みすぎてしまった。
의사 선생님의 경고도 듣지 않고 술을 과음하고 말았다.

大使館(たいしかん)の 周辺(しゅうへん)を 警備(けいび)して いる。
대사관 주변을 경비하고 있다.

受

받을 수

受

총획 8획
부수 (又)

음독	じゅ	受験じゅけん 수험	受話器じゅわき 수화기
훈독	うかる うける	受うかる 붙다, 합격하다 受うけ取とる 수령하다	受うける 받다, (시험) 치다

음독 예문

姉(あね)は 受験勉強(じゅけんべんきょう)で 忙(いそが)しい 毎日(まいにち)を 送(おく)って いる。
언니는 수험 공부로 바쁜 매일을 보내고 있다.

훈독 예문

兄(あに)は 大学(だいがく)の 入学試験(にゅうがくしけん)を 受(う)けました。
형은 대학 입학 시험을 쳤습니다.

忘(わす)れ物(もの)を 受(う)け取(と)る。
분실물을 수령하다.

授

줄 수

授

총획 11획
부수 (扌)

음독	じゅ	授業じゅぎょう 수업 教授きょうじゅ 교수	授受じゅじゅ 수수
훈독	さずかる	授さずかる 하사받다	授さずける (웃사람이) 하사하다

음독 예문

日本語(にほんご)の 授業(じゅぎょう)を 受(う)けて います。
일본어 수업을 받고 있습니다.

金銭(きんせん)の 授受(じゅじゅ)は 禁(きん)じられて いる。
금전 수수는 금지되어 있다.

山田先生(やまだせんせい)は 文学部(ぶんがくぶ)の 教授(きょうじゅ)です。
야마다 선생님은 문학부 교수입니다.

훈독 예문

神様(かみさま)に 子宝(こだから)を 授(さず)かるように いのった。 신에게 아이를 점지해 달라고 빌었다.

了

마칠 **료**

총획 2획
부수 (亅)

음독	りょう	了解りょうかい 양해 終了しゅうりょう 종료
훈독	―	

了 了

음독 예문

返品(へんぴん)は できませんので、ご了解(りょうかい)ください。
반품은 불가능하니 양해해 주십시오.

私(わたし)の 任期(にんき)は 4月(がつ)に 終了(しゅうりょう)しました。
저의 임기는 4월에 끝났습니다.

予

미리 **예**

총획 4획
부수 (亅)

음독	よ	予期よき 예기 予習よしゅう 예습 予防よぼう 예방	予告よこく 예고 予定よてい 예정
훈독	―		

予 予 予 予

음독 예문

映画(えいが)の 予告編(よこくへん)を 見(み)た。
영화의 예고편을 보았다.

明日(あした)の 授業(じゅぎょう)の 予習(よしゅう)を します。
내일 수업의 예습을 합니다.

インフルエンザを 予防(よぼう)する ために、家(うち)へ 帰(かえ)って きたら、
必(かなら)ず 手(て)を 洗(あら)って うがいを しましょう。
인플루엔자를 예방하기 위해서 집에 돌아오면 반드시 손을 씻고 입을 헹굽시다.

級

등급 **급**

총획 9획
부수 (糸)

음독	きゅう	学級 がっきゅう 학급 三級 さんきゅう 3급 上級 じょうきゅう 상급	高級 こうきゅう 고급 進級 しんきゅう 진급 中級 ちゅうきゅう 중급
훈독	−		

級 級 級 級 級 級 級 級 級

음독 예문

学級(がっきゅう)委員(いいん)に 選(えら)ばれる。
학급 위원으로 뽑히다.

水泳(すいえい)の テストで、三級(さんきゅう)に なった。
수영 테스트에서 3급을 받았다.

私(わたし)たちは、四年生(よねんせい)に 進級(しんきゅう)しました。
우리는 4학년으로 진급했습니다.

吸

숨들이쉴 **흡**

총획 6획
부수 (口)

음독	きゅう	吸入 きゅうにゅう 흡입 呼吸 こきゅう 호흡
훈독	すう	吸すう (담배를) 피우다, (공기를) 들이마시다, 빨아들이다

吸 吸 吸 吸 吸 吸

음독 예문

大(おお)きく 深呼吸(しんこきゅう)を すると、気持(きも)ちが よく なりました。
크게 심호흡을 하니 기분이 좋아졌습니다.

훈독 예문

息(いき)を 吸(す)って、吐(は)いて ください。
숨을 들이마시고 뱉어 주세요.

연습문제

정답 p.190

I 다음 한자어의 바른 읽기를 골라 보세요.

1 呼吸　こきゅう　こきつ

2 警告　けいこく　きょうこく

3 敬語　きょうご　けいご

4 授業　じゅぎょう　じゅうぎょう

5 手製　てぜい　てせい

II 다음 보기에서 알맞은 한자를 골라 어휘를 완성해 보세요.

보기	尊	予	了	吸	制

1 제약 せいやく　[　]約

2 존경 そんけい　[　]敬

3 종료 しゅうりょう　終[　]

4 예정 よてい　[　]定

5 흡입 きゅうにゅう　[　]入

III 밑줄 친 한자어의 읽는 법을 보기에서 찾아서 히라가나로 써넣어 보세요.

보기	す	きょうじゅ	せいひん	じゅけん
	う	せいど	よしゅう	じょうきゅう

1 日本語(にほんご)の 予習を して おく。

( )

2 大学(だいがく)の 教授

( )

3 この 制度には 悪(わる)い 点(てん)が ある。

( )

4 日本語(にほんご)の 上級 コース

( )

5 外国(がいこく)の 製品

( )

6 受験の 準備(じゅんび)を する。

( )

7 たばこを 吸う。

( )

8 試験(しけん)を 受ける。

( )

쉬어 가기

- 한국인의 성씨는 약 300개 정도인데, 일본인의 성씨는 20만 개가 넘는다고 합니다. 일본인의 주요 성씨를 읽어 볼까요?

일본인 성씨 Best 30

1	佐藤	さとう
2	鈴木	すずき
3	高橋	たかはし
4	田中	たなか
5	渡辺	わたなべ
6	伊藤	いとう
7	山本	やまもと
8	中村	なかむら
9	小林	こばやし
10	加藤	かとう
11	吉田	よしだ
12	山田	やまだ
13	佐々木	ささき
14	山口	やまぐち
15	斎藤	さいとう
16	松本	まつもと
17	井上	いのうえ
18	木村	きむら
19	林	はやし
20	清水	しみず
21	山崎	やまさき/やまざき
22	森	もり
23	安部	あべ
24	池田	いけだ
25	橋本	はしもと
26	山下	やました
27	石川	いしかわ
28	中島	なかじま/なかしま
29	前田	まえだ
30	藤田	ふじだ

정답 p.190

확인문제 5

다음 일본인의 성씨의 바른 읽기를 히라가나로 적어 보세요.

1 鈴木 (   )

2 高橋 (   )

3 田中 (   )

4 山下 (   )

5 中村 (   )

6 山田 (   )

7 山口 (   )

8 木村 (   )

9 林 (   )

10 森 (   )

17과

모양이 비슷한 글자2

求

球

列

例

泳

永

反

返

存

在

PART 2

求

구할 구

총획 7획
부수 (水)

음독	きゅう	求人きゅうじん 구인 請求せいきゅう 청구	求職きゅうしょく 구직 追求ついきゅう 추구
훈독	もとめる	求もとめる 요구하다, 요청하다	

求 求 求 求 求 求 求

음독 예문

新聞(しんぶん)に 求人広告(きゅうじんこうこく)が 出(で)て いる。 신문에 구인 광고가 나왔다.

求人(きゅうじん)、求職(きゅうしょく)の ミスマッチが 進(すす)んで いる。 구인 구직의 불균형이 진행되고 있다.

会社(かいしゃ)は 利益(りえき)を 追求(ついきゅう)します。 회사는 이익을 추구합니다.

훈독 예문

大声(おおごえ)で 助(たす)けを 求(もと)めたが、だれも 来(き)て くれなかった。
큰 소리로 도움을 요청했지만 아무도 와 주지 않았다.

球

구슬 구

총획 11획
부수 (王)

음독	きゅう	地球ちきゅう 지구 野球やきゅう 야구	電球でんきゅう 전구
훈독	たま	球たま 공, 전구	

球 球 球 球 球 球 球 球 球 球 球

음독 예문

地球(ちきゅう)は 太陽(たいよう)の まわりを 回(まわ)って いる。
지구는 태양의 주위를 돌고 있다.

部屋(へや)の 電球(でんきゅう)を 取(と)り替(か)える。
방의 전구를 교환하다.

私(わたし)は サッカーより 野球(やきゅう)の 方(ほう)が 好(す)きです。
저는 축구보다 야구 쪽을 좋아합니다.

훈독 예문

あの ピッチャーは 速(はや)い 球(たま)を 投(な)げる。 저 투수는 빠른 공을 던진다.

列

벌일 **렬**

列

총획 6획
부수 (刂)

음독	れつ	列車れっしゃ 열차　列島れっとう 열도 一列いちれつ 일렬　行列ぎょうれつ 행렬
훈독	―	

列 列 列 列 列 列

음독 예문

ホームに 列車(れっしゃ)が 入(はい)って きます。
홈으로 열차가 들어옵니다.

一列(いちれつ)に 並(なら)んで、バスを 待(ま)って いる。
일렬로 늘어서서 버스를 기다리고 있다.

店(みせ)の 前(まえ)に 行列(ぎょうれつ)が できた。
가게 앞에 행렬이 생겼다.

例

법식 **례**

例

총획 8획
부수 (亻)

음독	れい	例れい 예, 보기　例外れいがい 예외 例年れいねん 예년　例文れいぶん 예문
훈독	たとえる	例たとえる 예를 들다, 비유하다　例たとえば 예를 들면

例 例 例 例 例 例 例 例

음독 예문

簡単(かんたん)な 例(れい)を 挙(あ)げて 説明(せつめい)を します。 간단한 예를 들어 설명을 합니다.

何事(なにごと)にも 例外(れいがい)は あります。 어떤 일에도 예외는 있습니다.

今年(ことし)は 例年(れいねん)より 寒(さむ)い。 올해는 예년보다 춥다.

훈독 예문

スポーツ、例(たと)えば 水泳(すいえい)や テニス などを しますか。
스포츠, 예를 들면 수영이나 테니스 등을 합니까?

泳

헤엄칠 **영**

泳

총획 8획
부수 (氵)

음독	えい	水泳すいえい 수영
훈독	およぐ	泳およぐ 헤엄치다　平泳ひらおよぎ 평영 背泳せおよぎ 배영

泳 泳 泳 泳 泳 泳 泳 泳

음독 예문

プールへ 水泳(すいえい)に 行(い)こう。 수영장으로 수영하러 가자.

훈독 예문

プールで 100メートルを 泳(およ)ぐ。
수영장에서 100미터를 헤엄친다.

私(わたし)は クロールより 平泳(ひらおよ)ぎの 方(ほう)が 得意(とくい)です。
나는 자유형보다 평영 쪽을 잘합니다.

コーチから 背泳(せおよ)ぎを 教(おし)えて もらった。
코치한테 배영을 배웠다.

永

길 **영**

永

총획 5획
부수 (水)

음독	えい	永遠えいえん 영원　永久えいきゅう 영구 永住えいじゅう 영주
훈독	ながい	永ながい (시간, 세월이) 오래다

永 永 永 永 永

음독 예문

みなさんに して いただいた ことは、永遠(えいえん)に 忘(わす)れません。
여러분이 해 주신 것은 영원히 잊지 못할 겁니다.

やっぱり 映画(えいが)は 永久(えいきゅう)に 残(のこ)る ものです。
역시 영화는 영원히 남는 것입니다.

훈독 예문

永(なが)い 年月(ねんげつ)
오랜 세월

反

돌이킬 **반**

총획 4획
부수 (又)

음독	はん	反映はんえい 반영　反対はんたい 반대 反発はんぱつ 반발
훈독	そらす	反そらす 뒤로 젖히다, 휘게 하다

反 反 反 反

음독 예문

この 小説(しょうせつ)は 今(いま)の 社会(しゃかい)を 反映(はんえい)して いる。
이 소설은 요즘 사회를 반영하고 있다.

両親(りょうしん)に 結婚(けっこん)を 反対(はんたい)されて 悩(なや)んで います。
부모님이 결혼을 반대해서 고민하고 있습니다.

大(おお)きな 反発(はんぱつ)を 招(まね)いた。
큰 반발을 불러왔다.

훈독 예문

腰(こし)を 少(すこ)し 反(そ)らして みた。 허리를 조금 뒤로 넘겨 보았다.

返

돌이킬 **반**

총획 7획
부수 (辶)

음독	へん	返済へんさい 변제　返事へんじ 대답 返送へんそう 반송　返礼へんれい 답례
훈독	かえす	返かえす (빌린 것을) 돌려주다 恩返おんがえし 은혜를 갚음, 보은

返 返 返 返 返 返 返

음독 예문

名前(なまえ)を 呼(よ)んだら 返事(へんじ)を しなさい。
이름을 부르면 대답하세요.

手紙(てがみ)が 返送(へんそう)されて きた。
편지가 반송되어 왔다.

훈독 예문

友達(ともだち)に 借(か)りた 本(ほん)を 返(かえ)した。
친구에게 빌린 책을 돌려주었다.

存

있을 **존**

총획 6획
부수 (子)

음독	そん	存在 そんざい 존재
	ぞん	存分 ぞんぶんに 마음껏, 실컷
		共存 きょうぞん 공존　　保存 ほぞん 보존
훈독	–	

음독 예문

彼(かれ)は このチームに とって 重要(じゅうよう)な 存在(そんざい)です。
그는 이 팀에 있어서 중요한 존재입니다.

人(ひと)と 自然(しぜん)が 共存(きょうぞん)する 世(よ)の中(なか)に なって ほしい。
사람과 자연이 공존하는 세상이 되었으면 좋겠다.

食(た)べ物(もの)は 冷蔵庫(れいぞうこ)に 入(い)れて 保存(ほぞん)する。
음식은 냉장고에 넣어 보존한다.

在

있을 **재**

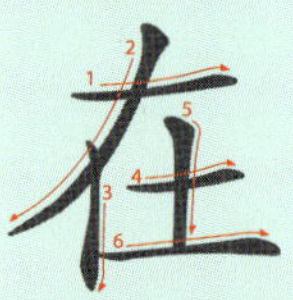

총획 6획
부수 (土)

음독	ざい	在宅 ざいたく 재택	在校生 ざいこうせい 재학생
		健在 けんざい 건재	現在 げんざい 현재
훈독	ある	在ある 있다, 존재하다	

음독 예문

お父(とう)さんは ご在宅(ざいたく)ですか。
아버님은 집에 계십니까?

在校生(ざいこうせい)の 数(かず)は 五百人(ごひゃくにん)です。
재학생의 수는 500명입니다.

お祖父(じい)さんの 健在(けんざい)ぶりを 見(み)て 安心(あんしん)しました。
할아버지의 건재한 모습을 보고 안심했습니다.

現在(げんざい)の 生活(せいかつ)に 満足(まんぞく)して いる。
현재의 생활에 만족하고 있다.

연습문제

정답 p.190

I 다음 한자어의 바른 읽기를 골라 보세요.

1 求める　　つとめる　もとめる

2 返事　　へんじ　はんじ

3 存在　　ぞんざい　そんざい

4 例年　　れつねん　れいねん

5 泳ぐ　　いそぐ　およぐ

II 다음 보기에서 알맞은 한자를 골라 어휘를 완성해 보세요.

보기	求	列	存	在	永

1 재택 ざいたく　［　］宅

2 열차 れっしゃ　［　］車

3 보존 ほぞん　保［　］

4 구인 きゅうじん　［　］人

5 영원 えいえん　［　］遠

III 밑줄 친 한자어의 읽는 법을 보기에서 찾아서 히라가나로 써넣어 보세요.

보기	かえ	やきゅう	げんざい	はんたい
	たと	すいえい	れい	いちれつ

1 現在、外出中(がいしゅつちゅう)です。
(　　　　)

2 上(うえ)の 反対は 下(した)です。
(　　　　)

3 プールへ 水泳に 行(い)く。
(　　　　)

4 例を あげて 話(はな)す。
(　　　　)

5 野球を しましょう。
(　　　　)

6 果物(くだもの)、例えば りんごや いちごが 好(す)きだ。
(　　　　)

7 本(ほん)を 返す。
(　　　　)

8 一列に 並(なら)ぶ。
(　　　　)

PART 2

18과

음독이 같은 글자1

意

位

光

向

状

乗

単

短

放

法

意

뜻 **의**

총획 13획
부수 (心)

음독	い	意見いけん 의견	意味いみ 의미
		決意けつい 결의, 결심	有意義ゆういぎに 유익하게, 보람되게
훈독	–		

음독 예문

何(なに)か ご意見(いけん)が ありましたら、おっしゃって ください。
뭔가 의견이 있으시면 말씀해 주세요.

この 言葉(ことば)は どういう 意味(いみ)ですか。
이 말은 어떤 의미입니까?

今日(きょう)から また ダイエットを 決意(けつい)しました。
오늘부터 다시 다이어트를 결심했습니다.

夏休(なつやす)みを 有意義(ゆういぎ)に 過(す)ごしたい。
여름 방학을 유익하게 보내고 싶다.

位

자리 **위**

총획 7획
부수 (亻)

음독	い	位置いち 위치	
		上位じょうい 상위	方位ほうい 방위
훈독	くらい	位くらい 지위, 계급	

음독 예문

公園(こうえん)は 駅(えき)の 北(きた)の 方(ほう)に 位置(いち)して います。 공원은 역 북쪽에 위치하고 있습니다.

水泳(すいえい)で 上位(じょうい)に 入賞(にゅうしょう)しました。 수영에서 상위에 입상했습니다.

磁石(じしゃく)で 方位(ほうい)を 調(しら)べる。 자석으로 방위를 조사하다.

훈독 예문

この 部屋(へや)は 昔(むかし)、位(くらい)の 高(たか)い 人(ひと)が 使(つか)って いた。
이 방은 옛날에 지위가 높은 사람이 사용했다.

光

빛 **광**

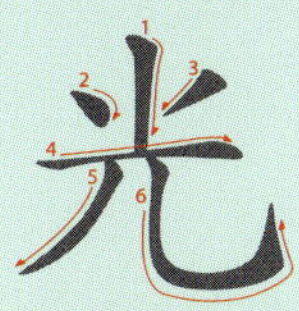

총획 6획
부수 (儿)

음독	こう	光栄こうえい 영광	光景こうけい 광경
		日光にっこう 일광	
훈독	ひかり ひかる	光ひかり 빛	光ひかる 빛나다

光 光 光 光 光 光

음독 예문

お会(あ)いできて 光栄(こうえい)です。 만나 뵈어서 영광입니다.

屋上(おくじょう)から すばらしい 光景(こうけい)が 見(み)られる。 옥상에서 훌륭한 광경을 볼 수 있다.

窓(まど)からの 日光(にっこう)が まぶしい。 창문으로 들어오는 햇빛이 눈부시다.

훈독 예문

星(ほし)が ぴかぴかと 光(ひか)って いる。 별이 반짝반짝 빛나고 있다.

向

향할 **향**

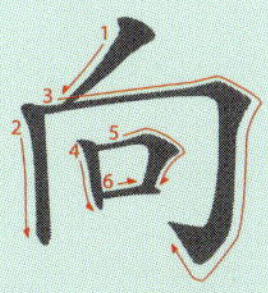

총획 6획
부수 (口)

음독	こう	向上こうじょう 향상	
		意向いこう 의향	傾向けいこう 경향
		一向いっこうに 조금도, 전혀	
훈독	むかう むこう	向むかう 향하다	向むこう 맞은편

向 向 向 向 向 向

음독 예문

学力(がくりょく)が めきめきと 向上(こうじょう)した。 학력이 눈에 띄게 향상되었다.

ガムの ポイ捨(す)ては 一向(いっこう)に 減(へ)らない。 껌을 버리는 일은 조금도 줄어들지 않는다.

훈독 예문

向(む)こうから 近所(きんじょ)の お祖父(じい)さんが やってきた。
맞은편에서 이웃집 할아버지가 다가왔다.

東京(とうきょう)へ 向(む)かう 列車(れっしゃ)の 中(なか)で、友達(ともだち)に 会(あ)った。
도쿄로 향하는 열차 안에서 친구를 만났다.

状

형상 **상**
문서 **장**

状

총획 7획
부수 (犬)

음독	じょう	**状況**じょうきょう 상황	**状態**じょうたい 상태
		症状しょうじょう 증상	**白状**はくじょう 자백
훈독	−		

状 状 状 状 状 状 状

음독 예문

厳(きび)しい 状況(じょうきょう)が 続(つづ)いて いる。
어려운 상황이 계속되고 있다.

風(かぜ)が 強(つよ)く、立(た)って 歩(ある)けるような 状態(じょうたい)では ない。
바람이 강해서 서서 걸어갈 수 있는 상태가 아니다.

急(きゅう)に 症状(しょうじょう)が 悪化(あっか)した。
갑자기 증상이 악화되었다.

正直(しょうじき)に 白状(はくじょう)しなさい。
정직하게 자백하시오.

乗

탈 **승**

乗

총획 9획
부수 (ノ)

음독	じょう	**乗客**じょうきゃく 승객	**乗車**じょうしゃ 승차
		乗じょう**ずる** (탈것에) 타다, (약점, 빈틈을) 이용하다	
훈독	のる のせる	**乗**の**る** 타다	**乗**の**せる** 태우다

乗 乗 乗 乗 乗 乗 乗 乗 乗

음독 예문

乗客(じょうきゃく)が 乗車(じょうしゃ) できない まま、出発(しゅっぱつ)する ミスが あった。
승객이 승차 하지 못한 채 출발하는 실수가 있었다.

相手(あいて)の 隙(すき)に 乗(じょう)じて 攻撃(こうげき)した。 상대의 빈틈을 이용하여 공격했다.

훈독 예문

バスに 乗(の)って 会社(かいしゃ)へ 行(い)きます。 버스를 타고 회사에 갑니다.

子供(こども)を 自転車(じてんしゃ)に 乗(の)せる。 아이를 자전거에 태우다.

単

홑 **단**

총획 9획
부수 (⺍)

음독	たん	単位たんい 학점, 단위　単語たんご 단어 単独たんどく 단독 簡単かんたん 간단
훈독	−	

음독 예문

卒業(そつぎょう)までに、あと 5単位(たんい) 取(と)らなければならない。
졸업까지 앞으로 5학점을 따야 한다.

日本語(にほんご)の 単語(たんご)は あまり 知(し)らない。
일본어 단어는 별로 모른다.

単独(たんどく)で 行動(こうどう)する。
단독으로 행동하다.

簡単(かんたん)に 説明(せつめい)して ください。
간단하게 설명해 주세요.

短

짧을 **단**

총획 12획
부수 (矢)

음독	たん	短期たんき 단기　短気たんき 성급함 短縮たんしゅく 단축　短所たんしょ 단점
훈독	みじかい	短みじかい 짧다

음독 예문

短期間(たんきかん)で 泳(およ)ぎを 覚(おぼ)えた。 단기간에 수영을 익혔다.

授業時間(じゅぎょうじかん)が 80分(ぷん)に 短縮(たんしゅく)される。
수업 시간이 80분으로 단축되다.

誰(だれ)にでも、短所(たんしょ)は あります。
누구에게라도 단점은 있습니다.

훈독 예문

夏(なつ)に なったから、髪(かみ)を 短(みじか)く 切(き)った 方(ほう)が 涼(すず)しいでしょう。
여름이 되었으니 머리를 짧게 자르는 편이 시원하겠지요.

放

놓을 **방**

총획 8획
부수 (攵)

음독	ほう	**放課後**ほうかご 방과후	**放送**ほうそう 방송
		解放かいほう 해방	**開放**かいほう 개방
훈독	はなす	**放**はなす 놓아주다, 풀어주다	

放 放 放 放 放 放 放 放

음독 예문

放課後(ほうかご)は 図書館(としょかん)で 自習(じしゅう)したり する。
방과 후는 도서관에서 자습하거나 한다.

土曜日(どようび)の 再放送(さいほうそう)を 見(み)る ことが できて よかったです。
토요일 재방송을 볼 수 있어서 좋았어요.

開放的(かいほうてき)な 考(かんが)え方(かた)を もって いる。 개방적인 사고를 갖고 있다.

훈독 예문

小鳥(ことり)を 大空(おおぞら)に 放(はな)した。 작은 새를 넓은 하늘에 놓아 주었다.

法

법 **법**

총획 8획
부수 (氵)

음독	ほう	**法**ほう 법	**法律**ほうりつ 법률
		文法ぶんぽう 문법	**方法**ほうほう 방법
훈독	–		

法 法 法 法 法 法 法 法

음독 예문

法律(ほうりつ)を 犯(おか)す 行為(こうい)は 何(なに)も して いない。
법률을 어기는 행위는 아무것도 하고 있지 않다.

日本語(にほんご)の 文法(ぶんぽう)は 難(むずか)しくない。
일본어 문법은 어렵지 않다.

解決(かいけつ)の 方法(ほうほう)を さがして いる。
해결 방법을 찾고 있다.

연습문제

정답 p.191

I 다음 한자어의 바른 읽기를 골라 보세요.

1	光る	まがる	ひかる
2	乗る	のる	はる
3	短い	みじかい	ながい
4	放す	はなす	おとす
5	向上	おうじょう	こうじょう

II 다음 보기에서 알맞은 한자를 골라 어휘를 완성해 보세요.

보기	単	法	光	状	短

1	상황 じょうきょう	☐	況
2	영광 こうえい	☐	栄
3	학점, 단위 たんい	☐	位
4	단점 たんしょ	☐	所
5	방법 ほうほう	方	☐

III 밑줄 친 한자어의 읽는 법을 보기에서 찾아서 히라가나로 써넣어 보세요.

보기	じょうたい	む	いけん	かんたん
	たんご	ほうそう	いみ	ぶんぽう

1 意味が 分(わ)からない。
( )

2 七時(しちじ)から サッカーの 放送が ある。
( )

3 易(やさ)しい 文法
( )

4 誰(だれ)でも 使(つか)える 簡単な カメラ
( )

5 向こうに 見(み)える ビル
( )

6 住民(じゅうみん)の 意見を 聞(き)く。
( )

7 単語を 覚(おぼ)える。
( )

8 ひどい 状態に なる。
( )

19과

음독이 같은 글자2

確

拡

基

期

強

数

緒

所

身

信

PART 2

確

확실할 **확**

총획 15획
부수 (石)

음독	かく	確信かくしん 확신 確立かくりつ 확립	確保かくほ 확보
훈독	たしか たしかめる	確たしか 확실함	確たしかめる 확인하다

음독 예문

座席(ざせき)を 二(ふた)つ 確保(かくほ)して おいて ください。
좌석을 두 개 확보해 두세요.

友好的(ゆうこうてき)な 外交関係(がいこうかんけい)を 確立(かくりつ)する。
우호적인 외교 관계를 확립하다.

훈독 예문

ご住所(じゅうしょ)と お名前(なまえ)を お確(たし)かめ ください。
주소와 성함을 확인해 주세요.

拡

넓힐 **확**

총획 8획
부수 (扌)

음독	かく	拡大かくだい 확대 拡張かくちょう 확장	拡大鏡かくだいきょう 확대경
훈독	ー		

음독 예문

会社(かいしゃ)の 規模(きぼ)が 年々(ねんねん) 拡大(かくだい)して いる。
회사 규모가 해마다 확대되고 있다.

拡大鏡(かくだいきょう)で 虫(むし)を 観察(かんさつ)した。
확대경으로 벌레를 관찰했다.

生徒(せいと)の 数(かず)が 増(ふ)えたので、グラウンドを 拡張(かくちょう)しました。
학생 수가 증가했기 때문에 운동장을 확장했습니다.

基

터 **기**

총획 11획
부수 (土)

음독	き	基礎きそ 기초 / 基準きじゅん 기준 / 基地きち 기지 / 基本きほん 기본
훈독	もとづく	基もとづく 근거하다, 의거하다

음독 예문

建物(たてもの)は 基礎(きそ)が 大切(たいせつ)です。 건물은 기초가 중요합니다.

明確(めいかく)な 基準(きじゅん)が ない。 명확한 기준이 없다.

基本(きほん)を しっかり 身(み)につけましょう。
기본을 확실히 몸에 익힙시다.

훈독 예문

事実(じじつ)に 基(もと)づく 報道(ほうどう)が 何(なに)より 重要(じゅうよう)である。
사실에 의거한 보도가 무엇보다 중요하다.

期

기약할 **기**

총획 12획
부수 (月)

음독	き	期間きかん 기간 / 期日きじつ 기일 / 期待きたい 기대
		延期えんき 연기 / 時期じき 시기
훈독	―	

음독 예문

試験(しけん)の 期間中(きかんちゅう)は 授業(じゅぎょう)は ありません。
시험 기간 중에는 수업은 없습니다.

借(か)りた 本(ほん)は、期日(きじつ)までに 返(かえ)しましょう。
빌린 책은 기일까지 반납합시다.

これからの 頑張(がんば)りに 期待(きたい)する。
앞으로의 분발에 기대하다.

会議(かいぎ)が 延期(えんき)に なった。
회의가 연기되었다.

強

군셀 **강**

強

총획 11획
부수 (弓)

음독	きょう	強化きょうか 강화 強力きょうりょく 강력	強行きょうこう 강행
	ごう	強引ごういんに 억지로	強盗ごうとう 강도
훈독	つよい	強つよい 강하다	
	しいる	強しいる 강요하다	

強 強 強 強 強 強 強 強 強 強 強

음독 예문

警察(けいさつ)は 飲酒運転(いんしゅうんてん)の 取(と)り締(し)まりを 強化(きょうか)して いる。
경찰은 음주 운전 단속을 강화하고 있다.

組合(くみあい)は ストを 強行(きょうこう)した。
조합은 파업을 강행했다.

훈독 예문

今日(きょう)は 風(かぜ)が 強(つよ)い。 오늘은 바람이 강하다.

教

가르칠 **교**

教

총획 11획
부수 (攵)

음독	きょう	教会きょうかい 교회 教師きょうし 교사	教科書きょうかしょ 교과서 教室きょうしつ 교실
		宗教しゅうきょう 종교	
훈독	おしえる	教おしえる 가르치다	

教 教 教 教 教 教 教 教 教 教 教

음독 예문

あなたの 学校(がっこう)では どんな 教科書(きょうかしょ)を 使(つか)って いますか。
당신 학교에서는 어떤 교과서를 사용하고 있습니까?

日本語(にほんご) 教室(きょうしつ)に 通(かよ)って います。 일본어 교실에 다니고 있습니다.

훈독 예문

すみません、駅(えき)へ 行(い)く 道(みち)を 教(おし)えて ください。
죄송하지만, 역으로 가는 길을 가르쳐 주세요.

緒

실마리 **서**

総획 14획
부수 (糸)

음독	しょ	一緒いっしょに 함께, 같이	内緒ないしょ 비밀
	ちょ	緒ちょ 실마리, 단서	情緒じょうちょ 정서
훈독	お	緒お 줄, 끈	

緒 緒 緒 緒 緒 緒 緒 緒 緒 緒 緒 緒 緒 緒

음독 예문

一緒(いっしょ)に 食事(しょくじ)を しましょう。 함께 식사를 합시다.

これは 内緒(ないしょ)ですから、誰(だれ)にも 話(はな)さないで ください。
이것은 비밀이기 때문에 아무한테도 말하지 마세요.

異国情緒(いこくじょうちょ)を 味(あじ)わって いる。
이국적인 정서를 맛보고 있다.

훈독 예문

琴(こと)の 緒(お)が 切(き)れてしまった。 거문고 줄이 끊어지고 말았다.

所

바 **소**

총획 8획
부수 (戶)

음독	しょ	所持しょじ 소지	所有しょゆう 소유
		長所ちょうしょ 장점	名所めいしょ 명소
훈독	ところ	所ところ 장소, 곳	

所 所 所 所 所 所 所 所

음독 예문

所持品(しょじひん)を 見(み)せて くれますか。 소지품을 보여 주시겠습니까?

私(わたし)は 人(ひと)の 長所(ちょうしょ)を 見(み)るように 努(つと)めて いる。
나는 사람의 장점을 보도록 노력하고 있다.

ここは 桜(さくら)の 名所(めいしょ)です。 여기는 벚꽃의 명소입니다.

훈독 예문

私(わたし)の 家(いえ)は 公園(こうえん)の 近(ちか)い 所(ところ)に ある。 우리 집은 공원과 가까운 곳에 있다.

身

몸 **신**

총획 7획
부수 (身)

음독	しん	**身長**しんちょう 신장 **自身**じしん (자기) 자신　**出身**しゅっしん 출신 **全身**ぜんしん 전신
훈독	み	**身**み 신체, 몸, 자신　**身内**みうち 친척, 일가 **身分**みぶん 신분

身 身 身 身 身 身 身

음독 예문

4年生(ねんせい)に なって、身長(しんちょう)が 伸(の)びた。 4학년이 되어서 키가 자랐다.

久(ひさ)しぶりに 水泳(すいえい)で 全身運動(ぜんしんうんどう)を した。 오랜만에 수영으로 전신 운동을 했다.

훈독 예문

身分証明書(みぶんしょうめいしょ)で 本人(ほんにん)である ことを 確認(かくにん)する。
신분증명서로 본인이라는 것을 확인한다.

信

믿을 **신**

총획 9획
부수 (亻)

음독	しん	**信号**しんごう 신호　**信念**しんねん 신념 **信用**しんよう 신용　**信頼**しんらい 신뢰 **信**しんじる 믿다 **通信**つうしん 통신
훈독	—	

信 信 信 信 信 信 信 信 信

음독 예문

信号(しんごう)を 渡(わた)って まっすぐ 行(い)って ください。
신호를 건너서 곧장 가 주세요.

あの 人(ひと)は 信用(しんよう)できる。
저 사람은 신용할 수 있다.

彼(かれ)が 死(し)んだ なんて とても 信(しん)じられません。
그가 죽었다니 도저히 믿을 수 없습니다.

연습문제

정답 p.191

I 다음 한자어의 바른 읽기를 골라 보세요.

1 身長 しんちょう みちょう

2 拡大 かくだい はくだい

3 強力 きょうりょく ごうりょく

4 長所 ながしょ ちょうしょ

5 内緒 ないしょう ないしょ

II 다음 보기에서 알맞은 한자를 골라 어휘를 완성해 보세요.

보기	強	教	期	信	身

1 기대 きたい ☐待

2 교실 きょうしつ ☐室

3 신호 しんごう ☐号

4 (자기) 자신 じしん 自☐

5 강화 きょうか ☐化

III 밑줄 친 한자어의 읽는 법을 보기에서 찾아서 히라가나로 써넣어 보세요.

보기	つよ	おし	いっしょ	じき
	しん	きほん	たし	ところ

1 電話(でんわ)で 確かめる。
( )

2 外国人(がいこくじん)に 日本語(にほんご)を 教える。
( )

3 にぎやかな 所
( )

4 一緒に 帰(かえ)りましょう。
( )

5 もう 信じられない。
( )

6 今日(きょう)は 風(かぜ)が 強い。
( )

7 今(いま)は まだ、あの 人(ひと)に 話(はな)す 時期ではない。
( )

8 基本を 身(み)につける。
( )

20과

특히한 읽기가 있는 글자

景

果

達

産

夕

心

衣

昨

最

紅

PART 2

景

경치 경

총획 12획
부수 (日)

음독	けい	景気けいき 경기 / 景品けいひん 경품 / 背景はいけい 배경 / 夜景やけい 야경
훈독	–	
특이한 읽기	景色けしき 경치	

음독 예문

あの 人(ひと)は いつも 景気(けいき)の いい こと ばかり 言(い)って いる。
저 사람은 항상 허풍만 친다.

あの 山(やま)の 上(うえ)からの 夜景(やけい)は 最高(さいこう)です。
저 산 위에서의 야경은 최고입니다.

특이한 읽기 예문

景色(けしき)の いい ところで 写真(しゃしん)を 撮(と)りましょう。
경치가 좋은 곳에서 사진을 찍읍시다.

果

과실 과

총획 8획
부수 (木)

음독	か	果樹園かじゅえん 과수원 / 結果けっか 결과 / 効果こうか 효과
훈독	はたす	果はたす 완수하다, 다하다
특이한 읽기	果物くだもの 과일	

음독 예문

試験(しけん)の 結果(けっか)は いつ 分(わ)かりますか。 시험 결과는 언제 알 수 있습니까?

薬(くすり)の 効果(こうか)で 熱(ねつ)が 下(さ)がった。 약의 효과로 열이 내렸다.

훈독 예문

長(なが)い間(あいだ)の 約束(やくそく)を 果(は)たす ことが できた。 오랜 동안의 약속을 지킬 수 있었다.

특이한 읽기 예문

果物屋(くだものや)さんで りんごと みかんを 買(か)った。 과일 가게에서 사과와 귤을 샀다.

達

통달할 **달**

총획 12획
부수 (辶)

음독	たつ	達人たつじん 달인 / 達成たっせい 달성 上達じょうたつ 숙달 / 発達はったつ 발달
훈독	―	
특이한 읽기	友達ともだち 친구	

음독 예문

彼(かれ)は 剣道(けんどう)の 達人(たつじん)です。
그는 검도의 달인입니다.

日本語(にほんご)が 少(すこ)しずつ 上達(じょうたつ)して いる。
일본어가 조금씩 숙달되고 있다.

특이한 읽기 예문

学校(がっこう)の 友達(ともだち)を 家(うち)に 招(まね)きました。
학교 친구를 집에 초대했습니다.

産

낳을 **산**

총획 11획
부수 (生)

음독	さん	産業さんぎょう 산업 / 産地さんち 산지 遺産いさん 유산 / 生産せいさん 생산 出産しゅっさん 출산
훈독	うむ	産うむ 분만하다, 낳다
특이한 읽기	土産みやげ 기념품, 여행 선물	

음독 예문

この 辺(あた)りは 米(こめ)の 産地(さんち)として 有名(ゆうめい)です。 이 주변은 쌀의 산지로서 유명합니다.

훈독 예문

男(おとこ)の子(こ)を 産(う)みました。 남자아이를 출산했다.

특이한 읽기 예문

旅行(りょこう)の お土産(みやげ)に お菓子(かし)を 買(か)った。 여행 선물로 과자를 샀다.

夕

저녁 **석**

총획 3획
부수 (夕)

음독	せき	一朝一夕いっちょういっせき 일조일석(짧은 시일)		
훈독	ゆう	夕方ゆうがた 저녁때 夕飯ゆうはん 저녁밥	夕刊ゆうかん 석간 夕日ゆうひ 저녁놀	夕食ゆうしょく 석식
특이한 읽기	七夕たなばた 칠월칠석			

夕 夕 夕

음독 예문

健康(けんこう)な 体(からだ)は 一朝一夕(いっちょういっせき)には できない。 건강한 몸은 일조일석에는 가능하지 않다.

훈독 예문

夕方(ゆうがた)には 戻(もど)ります。 저녁 무렵에는 돌아옵니다.

夕食(ゆうしょく)は 何(なに)に しましょうか。 저녁 식사는 무엇으로 할까요?

특이한 읽기 예문

七夕(たなばた)は 七月七日(しちがつなのか)です。 칠월칠석은 7월 7일입니다.

心

마음 **심**

총획 4획
부수 (心)

음독	しん	安心あんしん 안심 決心けっしん 결심	感心かんしん 감탄 中心ちゅうしん 중심	苦心くしん 고심 良心りょうしん 양심
훈독	こころ	心こころ 마음, 진심, 정성		
특이한 읽기	心地ここち 기분, 심정, 느낌	～心地ごこち ～했을 때의 기분, 느낌		

心 心 心 心

음독 예문

あの 人(ひと)なら 安心(あんしん)して 仕事(しごと)を 任(まか)せられる。
저 사람이라면 안심하고 일을 맡길 수 있다.

町(まち)の 中心(ちゅうしん)を、川(かわ)が 流(なが)れて いる。 마을 중심을 강이 흐르고 있다.

훈독 예문

心(こころ)から お祝(いわ)い 申(もう)し上(あ)げます。 진심으로 축하 드립니다.

특이한 읽기 예문

乗(の)り心地(ごこち)の いい 自動車(じどうしゃ) 승차감이 좋은 자동차

衣

옷 **의**

총획 6획
부수 (衣)

음독	い	衣食住いしょくじゅう 의식주　衣服いふく 의복　衣類いるい 의류 白衣はくい / びゃくえ 백의, 흰옷
훈독	ころも	衣替ころもがえ 옷을 갈아입음, 새로 단장함
특이한 읽기	浴衣ゆかた 유카타	

음독 예문

衣服(いふく)を 着替(きが)えて 外(そと)に 出(で)る。
의복을 갈아입고 밖으로 나가다.

看護婦(かんごふ)さんは 白衣(はくい)の 天使(てんし)と 呼(よ)ばれる。
간호사는 백의의 천사로 불린다.

특이한 읽기 예문

浴衣(ゆかた)姿(すがた)で 花火(はなび)を 見(み)に 行(い)った。
유카타 차림으로 불꽃을 보러 갔다.

昨

어제 **작**

총획 9획
부수 (日)

음독	さく	昨今さっこん 작금, 요즘　昨年さくねん 작년 昨夜さくや 어젯밤
훈독	―	
특이한 읽기	昨日きのう 어제	

음독 예문

昨年(さくねん)は 大変(たいへん) お世話(せわ)に なりました。
작년에는 대단히 신세졌습니다.

昨夜(さくや) 十二時(じゅうにじ)ごろ、家(いえ)の 近(ちか)くで 火事(かじ)が あった。
어젯밤 12시쯤 집 근처에서 화재가 있었다.

특이한 읽기 예문

彼(かれ)は 昨日(きのう) 国(くに)へ 帰(かえ)りました。
그는 어제 고국으로 돌아갔습니다.

最

가장 **최**

음독	さい	最悪さいあく 최악	最高さいこう 최고	
		最後さいご 맨 마지막	最初さいしょ 맨 처음	
		最善さいぜん 최선	最低さいてい 최저	最大さいだい 최대
훈독	もっとも	最もっとも 가장, 무엇보다도		
특이한 읽기	最寄もより 가장 가까움			

最 最 最 最 最 最 最 最 最 最 最 最

총획 12획
부수 (日)

음독 예문

最後(さいご)に 部屋(へや)を 出(で)る 人(ひと)は 電灯(でんとう)を 消(け)して ください。
가장 마지막에 방을 나오는 사람은 전등을 꺼 주세요.

훈독 예문

富士山(ふじさん)は 日本(にほん)で 最(もっと)も 高(たか)い 山(やま)です。 후지산은 일본에서 가장 높은 산입니다.

특이한 읽기 예문

家(うち)から 最寄(もよ)りの バス停(てい)まで 歩(ある)いて 行(い)く。
집에서 가장 가까운 버스 정류장까지 걸어서 가다.

紅

붉을 **홍**

음독	こう	紅茶こうちゃ 홍차	紅白こうはく 홍백
훈독	べに	口紅くちべに 립스틱	
특이한 읽기	紅葉もみじ 단풍		

紅 紅 紅 紅 紅 紅 紅 紅 紅

총획 9획
부수 (糸)

음독 예문

紅茶(こうちゃ)を 入(い)れる。 홍차를 끓이다.

年末(ねんまつ)に 紅白歌合戦(こうはくうたがっせん)が 開(ひら)かれる。 연말에 홍백 가합전이 열린다.

훈독 예문

買(か)った ばかりの 新(あたら)しい 服(ふく)に 口紅(くちべに)を つけてしまいました。
산 지 얼마 안 된 새 옷에 립스틱을 묻히고 말았습니다.

특이한 읽기 예문

秋(あき)に なると 紅葉(もみじ)が 美(うつく)しいです。 가을이 되면 단풍이 아름답습니다.

연습문제

정답 p.191

I 다음 한자어의 바른 읽기를 골라 보세요.

1 景色 けいしき けしき

2 土産 とさん みやげ

3 七夕 たなばた ななせき

4 果物 かもの くだもの

5 最寄り もより さいより

II 다음 보기에서 알맞은 한자를 골라 어휘를 완성해 보세요.

보기	果	紅	昨	景	衣

1 경기 けいき ☐気

2 결과 けっか 結☐

3 의복 いふく ☐服

4 홍차 こうちゃ ☐茶

5 어제 きのう ☐日

III 밑줄 친 한자어의 읽는 법을 보기에서 찾아서 히라가나로 써넣어 보세요.

보기	くちべに	こころ	せいさん	あんしん
	さいこう	ゆうはん	ともだち	もっと

1 新(あたら)しい 友達が できた。
( )

2 自動車(じどうしゃ)を 生産する。
( )

3 夕飯を 食(た)べる。
( )

4 お母(かあ)さんが 来(き)たから、安心しなさい。
( )

5 最高の レベル
( )

6 心は やさしい 人(ひと)です。
( )

7 世界(せかい)で 最も 高(たか)い 山(やま)
( )

8 口紅を つける。
( )

쉬어 가기

- 일본 지명에 관한 한자를 읽어 볼까요?

일본의 행정구역은 1都 1道 2府 43県으로 나뉜다.

東京都とうきょうと 도쿄 도
北海道ほっかいどう 홋카이도
大阪府おおさかふ 오사카 부
京都府きょうとふ 교토 부

- 홋카이도
- 도호쿠 지방
- 간토 지방
- 주부 지방
- 간사이 지방
- 주고쿠 지방
- 시코쿠 지방
- 규슈/오키나와

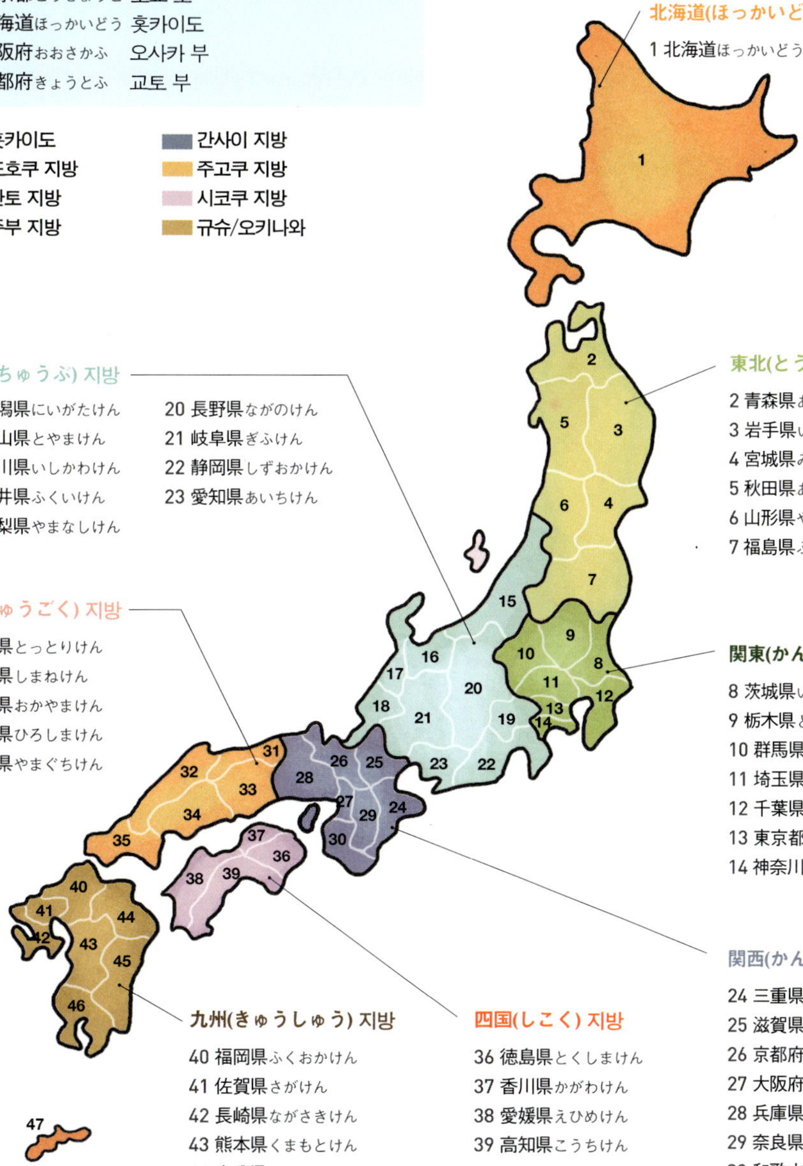

北海道(ほっかいどう) 홋카이도

1 北海道ほっかいどう

東北(とうほく) 지방

2 青森県あおもりけん
3 岩手県いわてけん
4 宮城県みやぎけん
5 秋田県あきたけん
6 山形県やまがたけん
7 福島県ふくしまけん

中部(ちゅうぶ) 지방

15 新潟県にいがたけん
16 富山県とやまけん
17 石川県いしかわけん
18 福井県ふくいけん
19 山梨県やまなしけん
20 長野県ながのけん
21 岐阜県ぎふけん
22 静岡県しずおかけん
23 愛知県あいちけん

関東(かんとう) 지방

8 茨城県いばらぎけん
9 栃木県とちぎけん
10 群馬県ぐんまけん
11 埼玉県さいたまけん
12 千葉県ちばけん
13 東京都とうきょうと
14 神奈川県かながわけん

中国(ちゅうごく) 지방

31 鳥取県とっとりけん
32 島根県しまねけん
33 岡山県おかやまけん
34 広島県ひろしまけん
35 山口県やまぐちけん

関西(かんさい) 지방

24 三重県みえけん
25 滋賀県しがけん
26 京都府きょうとふ
27 大阪府おおさかふ
28 兵庫県ひょうごけん
29 奈良県ならけん
30 和歌山県わかやまけん

九州(きゅうしゅう) 지방

40 福岡県ふくおかけん
41 佐賀県さがけん
42 長崎県ながさきけん
43 熊本県くまもとけん
44 大分県おおいたけん
45 宮崎県みやざきけん
46 鹿島県かごしまけん
47 沖縄県おきなわけん

四国(しこく) 지방

36 徳島県とくしまけん
37 香川県かがわけん
38 愛媛県えひめけん
39 高知県こうちけん

정답 p.191

확인문제 6

다음 일본 지명의 바른 읽기를 히라가나로 적어 보세요.

1 東京 (　　　　　　　　)

2 大阪 (　　　　　　　　)

3 京都 (　　　　　　　　)

4 千葉 (　　　　　　　　)

5 長崎 (　　　　　　　　)

6 広島 (　　　　　　　　)

7 奈良 (　　　　　　　　)

8 静岡 (　　　　　　　　)

9 長野 (　　　　　　　　)

10 福岡 (　　　　　　　　)

정답 및 색인

PART 1

1과 연습문제

I
1 ひろば　2 しんがく
3 りょうり　4 こうだい
5 ようじ

II
1 勉　2 料
3 場　4 以
5 運

III
1 すす　2 いちば
3 としょかん　4 べつ
5 はこ　6 うん
7 わか　8 ひろ

2과 연습문제

I
1 だいどころ
2 もんく
3 だいく
4 あいず
5 べんり

II
1 文　2 合
3 画　4 物
5 台

III
1 あ
2 かいもの
3 ちゃ
4 にだい
5 ゆうびんきょく
6 しつもん
7 えいが
8 たよ

3과 연습문제

I
1 ふまん　2 せんたくき
3 けんきゅう　4 ぎゅうにく
5 じぎょう

II
1 業　2 不
3 洗　4 作
5 肉

III
1 ふく　2 よわ
3 つく　4 と
5 うし　6 にく
7 あら　8 あつ

확인문제 1

I
1 さんびゃく
2 ろっぴゃく
3 はっぴゃく
4 さんぜん
5 ろくせん
6 はっせん
7 いちまん
8 きゅう
9 なな / しち
10 よん / し

II
1 とお 열 개
2 ななつ 일곱 개
3 ここのつ 아홉 개
4 よっつ 네 개
5 ひとつ 한 개
6 みっつ 세 개
7 ふたつ 두 개

8 いつつ 다섯 개
9 むっつ 여섯 개
10 やっつ 여덟 개

4과 연습문제

I
1 たいじゅう　2 ふゆ
3 とうあん　4 とくしょく
5 きんだい

II
1 借　2 転
3 近　4 体
5 起

III
1 か　2 ちか
3 ころ　4 からだ
5 いろ　6 かえ
7 お　8 こた

5과 연습문제

I
1 かよう　2 したしい
3 つく　4 よなか
5 たす

II
1 空　2 音
3 親　4 着
5 夜

III
1 この　2 き
3 あ　4 おも
5 おんがく　6 そら
7 よる　8 おや

6과 연습문제

I
1 ふとる　2 りょこう
3 おねえさん　4 いもうと
5 まなぶ

II
1 太　2 字
3 学　4 林
5 族

III
1 りょかん　2 あね
3 もり　4 いぬ
5 がくせい　6 じ
7 ふと　8 かぞく

확인문제 2

1 しがつ
2 しちがつ
3 くがつ
4 じゅうにがつ
5 はつか
6 とおか
7 ついたち
8 ふつか
9 よっか
10 ようか
11 じゅうよっか
12 にじゅうよっか
13 みっか
14 いつか
15 なのか
16 ここのか
17 むいか
18 じゅうくにち
19 じゅうしちにち
20 さんじゅうにち

7과 연습문제

I
1 じしん　2 はたらく
3 ちゅうもん　4 もんだい
5 とくべつ

II
1 地　2 問
3 待　4 門
5 動

III
1 うご　2 とく
3 ま　4 じゅうしょ
5 いけ　6 す
7 ちゅうもく　8 じみ

8과 연습문제

I
1 たてもの　2 いっかい
3 うつす　4 あける
5 はやい

II
1 回　2 新
3 験　4 建
5 開

III
1 しゃしん　2 はや
3 あたら　4 ひら
5 わかもの　6 た
7 おく　8 いしゃ

9과 연습문제

I
1 ならう　2 こうじ
3 いそぐ　4 はじめる
5 しょくどう

II
1 自　2 同
3 止　4 習
5 始

III
1 きゅう　2 おな
3 お　4 と
5 しごと　6 しょくじ
7 じしん　8 どうどう

10과 연습문제

I
1 あかい　2 ぶちょう
3 けさ　4 おにいさん
5 はしる

II
1 時　2 海
3 風　4 兄
5 部

III
1 いなか　2 あに
3 じかん　4 あさ
5 かぜ　6 かた
7 うみ　8 ぜんぶ

확인문제 3

1 よじ
2 しちじ
3 くじ
4 じゅうにじ
5 ごふん
6 じゅっぷん
7 いっぷん
8 よんぷん
9 ろっぷん
10 はっぷん
11 きゅうふん
12 さんぷん
13 にふん
14 ななふん
15 はん
16 じゅうごふん
17 にじゅっぷん
18 さんじゅっぷん
19 よんじゅっぷん
20 ごじゅうごふん
21 いちじ じゅっぷん
22 ごじ さんじゅっぷん
23 じゅういちじ よんじゅっぷん
24 しちじ ななふん
25 ごじ じゅうごふん

PART 2

11과 연습문제

I
1 しまる　2 ことわる
3 むすぶ　4 だんすい
5 へいこう

II
1 可　2 難
3 当　4 断
5 閉

III
1 せき　2 たく
3 かもく　4 とうじ
5 けつまつ　6 あ
7 むずか　8 と

12과 연습문제

I
1 ぜんぜん　2 かいけつ
3 おおや　4 べいこく
5 やさしい

II
1 解　2 家
3 团　4 易
5 性

III
1 え　2 こめ
3 じょせい　4 ふたた
5 いし　6 いえ
7 ぼうえき　8 と

13과 연습문제

I
1 じこく　2 こせい
3 こうこく　4 ずつう
5 びじん

II
1 告　2 完
3 個　4 続
5 術

III
1 きざ　2 つづ
3 ねつ　4 いた
5 しろ　6 あつ
7 うつく　8 いっこ

확인문제 4

1 あたま 머리
2 あし 다리, 발
3 くび 고개
4 くち 입
5 みみ 귀
6 て 손
7 こし 허리
8 はな 코
9 め 눈
10 かた 어깨
11 かお 얼굴
12 はら 배
13 は 이
14 むね 가슴
15 せなか 등

14과 연습문제

I
1 くふう　2 きく
3 すわる　4 かたこと
5 たすける

II
1 敗　2 定
3 利　4 助
5 布

III
1 かなら　2 ざせき
3 としよ　4 かたづ
5 りこう　6 ふうふ
7 やぶ　8 ひっし

15과 연습문제

I
1 ふる　2 かぞえる
3 おぼえる　4 けす
5 はつゆき

II
1 得　2 苦
3 表　4 初
5 消

III
1 ふね　2 さ
3 お　4 かず
5 さけ　6 はじ
7 にがて　8 いこう

16과 연습문제

I
1 こきゅう　2 けいこく
3 けいご　4 じゅぎょう
5 てせい

II
1 制　2 尊
3 了　4 予
5 吸

III
1 よしゅう
2 きょうじゅ
3 せいど
4 じょうきゅう
5 せいひん
6 じゅけん
7 す
8 う

확인문제 5

1 すずき
2 たかはし
3 たなか
4 やました
5 なかむら
6 やまだ
7 やまぐち
8 きむら
9 はやし
10 もり

17과 연습문제

I
1 もとめる　2 へんじ
3 そんざい　4 れいねん
5 およぐ

II
1 在　2 列
3 存　4 求
5 永

III
1 げんざい
2 はんたい
3 すいえい
4 れい
5 やきゅう
6 たと
7 かえ
8 いちれつ

18과 연습문제

I
1 ひかる　2 のる
3 みじかい　4 はなす
5 こうじょう

II
1 状　2 光
3 単　4 短
5 法

III
1 いみ
2 ほうそう
3 ぶんぽう
4 かんたん
5 む
6 いけん
7 たんご
8 じょうたい

19과 연습문제

I
1 しんちょう
2 かくだい
3 きょうりょく
4 ちょうしょ
5 ないしょ

II
1 期　2 教
3 信　4 身
5 強

III
1 たし
2 おし
3 ところ
4 いっしょ
5 しん
6 つよ
7 じき
8 きほん

20과 연습문제

I
1 けしき　2 みやげ
3 たなばた　4 くだもの
5 もより

II
1 景　2 果
3 衣　4 紅
5 昨

III
1 ともだち
2 せいさん
3 ゆうはん
4 あんしん
5 さいこう
6 こころ
7 もっと
8 くちべに

확인문제 6

1 とうきょう
2 おおさか
3 きょうと
4 ちば
5 ながさき
6 ひろしま
7 なら
8 しずおか
9 ながの
10 ふくおか

총획순

가나다순

자르는 선

01과

場合

01과

用事

01과

勉強

01과

料金

ようじ

볼일

ばあい

경우

りょうきん

요금

べんきょう

공부

자르는 선

02과

台所

02과

地図

02과

文句

02과

計画

ちず

지도

だいどころ

부엌

けいかく

계획

もんく

불평

03과

不足

03과

卒業

03과

作文

03과

研究

자르는 선

そつぎょう

졸업

ふそく

부족

けんきゅう

연구

さくぶん

작문

자르는 선

04과

最近

04과

自転車

04과

借金

04과

体重

じてんしゃ

자전거

さいきん

최근

たいじゅう

체중

しゃっきん

빚

자르는 선

05과

試合

05과

交通

05과

両親

05과

空気

こうつう

교통

しあい

시합

くうき

공기

りょうしん

부모님

자르는 선

06과

旅行

06과

妹

06과

お姉さん

06과

太る

いもうと

여동생

りょこう

여행

ふとる

살찌다

おねえさん

언니, 누나

07과

働く

07과

地域

07과

住所

07과

注目

자르는 선

じゅうしょ 주소	はたらく 일하다
ちゅうもく 주목	ちいき 지역

자르는 선

08과

写真

08과

試験

08과

建物

08과

一回

しけん

시험

しゃしん

사진

いっかい

한 번

たてもの

건물

자르는 선

09과

中止

09과

仕事

09과

自分

09과

食堂

しごと

일

ちゅうし

중지

しょくどう

식당

じぶん

자신

10과

今朝

10과

時計

10과

田舎

10과

部屋

자르는 선

へや

방

とけい

시계

いなか

시골

けさ

오늘 아침

자르는 선

11과

出席

11과

当時

11과

判断

11과

断る

とうじ

당시

しゅっせき

출석

ことわる

거절하다

はんだん

판단

자르는 선

12과

解決

12과

全然

12과

家内

12과

布団

ぜんぜん

전혀

かいけつ

해결

ふとん

이불

かない

아내

자르는 선

13과

手術

13과

広告

13과

遅刻

13과

個人

こうこく

광고

しゅじゅつ

수술

こじん

개인

ちこく

지각

14과

工夫

14과

片道

14과

失敗

14과

必ず

자르는 선

かたみち

편도

くふう

궁리

かならず

반드시

しっぱい

실패

자르는 선

15과

数

15과

発表

15과

以降

15과

覚える

はっぴょう

발표

かず

수

おぼえる

외우다

いこう

이후

자르는 선

16과

授業

16과

尊敬

16과

予定

16과

上級

そんけい

존경

じゅぎょう

수업

じょうきゅう

상급

よてい

예정

자르는 선

17과

存在

17과

返事

17과

例えば

17과

永遠

へんじ

대답

そんざい

존재

えいえん

영원

たとえば

예를 들면

자르는 선

18과

光景

18과

状況

18과

短所

18과

方法

じょうきょう

상황

こうけい

광경

ほうほう

방법

たんしょ

단점

자르는 선

19과

所

19과

信用

19과

時期

19과

確信

しんよう

신용

ところ

장소, 곳

かくしん

확신

じき

시기

자르는 선

20과

景色

20과

果物

20과

昨日

20과

土産

くだもの

과일

けしき

경치

みやげ

특산품

きのう

어제

MEMO

MEMO